Christian Glynn

# Käse machen

**Bearbeitet von
Dr. Siegwart Münch**

Otto Maier Verlag Ravensburg

Deutsche Erstausgabe
Die englische Originalausgabe
erschien unter dem Titel »Cheese and Cheese-making«
bei Macdonald Educational Ltd.
(ISBN 0-356-06018-7).
© 1977 Macdonald Educational Ltd., London
© 1980 der deutschsprachigen Ausgabe
Otto Maier Verlag Ravensburg
Übersetzt von Ina Doernach
Bearbeitet von Siegwart Münch
Umschlagfoto von Franz Lazi, Stuttgart
Gesamtherstellung: Appl, Wemding

84   83   82   81          5 4 3 2

ISBN 3-473-43050-1

# Inhalt

# Was ist Käse?

Das deutsche Wort Käse und die entsprechenden Namen in anderen Sprachen, wie keltischen, germanischen und romanischen, sind sich überraschend ähnlich und alle sehr alt. Man kennt Käse demnach schon ziemlich lange. Was Käse aber wirklich ist, davon hat der Nichtfachmann oft nur eine ungenaue Vorstellung. Diesem Umstand will das vorliegende Buch abhelfen. Es vermittelt Wissen, soll aber auch unterhalten und praktisch verwertbare Informationen geben.

## Einige Grundfakten

Käse ist aus Milch, soviel dürfte jedem klar sein. Aber wie entsteht Käse und wodurch? Bevor später die Einzelheiten besprochen werden, sei zunächst zur allgemeinen Definition folgendes gesagt: Milch besteht aus einem Gemisch sehr unterschiedlicher Stoffe, das sich durch gewisse »Kunstgriffe« entmischen läßt. Und Käse ist ein Produkt eines solchen Entmischungsvorganges. Setzt man also der Milch – wie seit altersher – einen aus Kälbermägen gewonnenen Stoff, das sogenannte Lab, zu, dann wird ihr Zustand und ihr Aussehen in kurzer Zeit völlig verändert: Das meiste Eiweiß und das in ihm eingeschlossene Fett sinkt zu Boden und der wässerige Teil sammelt sich darüber. Den zu Boden gesunkenen Bestandteil nennt man Bruch, den Überstand Molke. Aus diesem Bruch wird der Käse bereitet; die Molke verfüttert man an Tiere oder verarbeitet sie weiter. Die eigentliche Käsebereitung umfaßt dann die Zerkleinerung und Bearbeitung des Bruches, das Einfüllen des Bruches in Formen, eventuell das Pressen in den Formen, die Einwirkung eines Salzbades, die Kellerbehandlung der »jungen« Käse und schließlich die Reifung. Alle mit Hilfe von Lab erzeugten Käse müssen eine gewisse Reifezeit durchmachen, in der das durch Lab gefällte wasserunlösliche und daher unverdauliche Eiweiß von bestimmten Bakterien erst wasserlöslich und dadurch verdaulich gemacht wird.

Es gibt noch eine zweite Möglichkeit, den Käsestoff aus der Milch auszufällen, und zwar durch Einwirkung von Milchsäure. Dafür werden heute ausgesuchte milchsäurebildende Bakterienkulturen der Milch zugesetzt, die den Milchzucker zu Milchsäure umbilden. Es kommt ebenfalls zur Entmischung und damit zur Trennung von Käsestoff und Molke. Bei diesem Vorgang fällt das Eiweiß in wasserlöslicher Form aus, und es entsteht Quark oder Frischkäse. Dieser ist leicht verdaulich und braucht nicht zu reifen.

Bei den meisten Lab-Käsen wird eine Kombination beider Verfahren mit unterschiedlichen Anteilen von Lab und Säuerung angewendet. Das klingt zunächst ein wenig kompliziert, aber mit fortschreitendem Studium dieses Buches wird man bald ein Milch- und Käseexperte sein.

Schon aus dem alten Ägypten, aus Persien und aus dem gelobten Land der Juden, in dem Milch und Honig floß, gibt es eine Fülle von Hinweisen auf Käse. Auch Aristoteles beschrieb

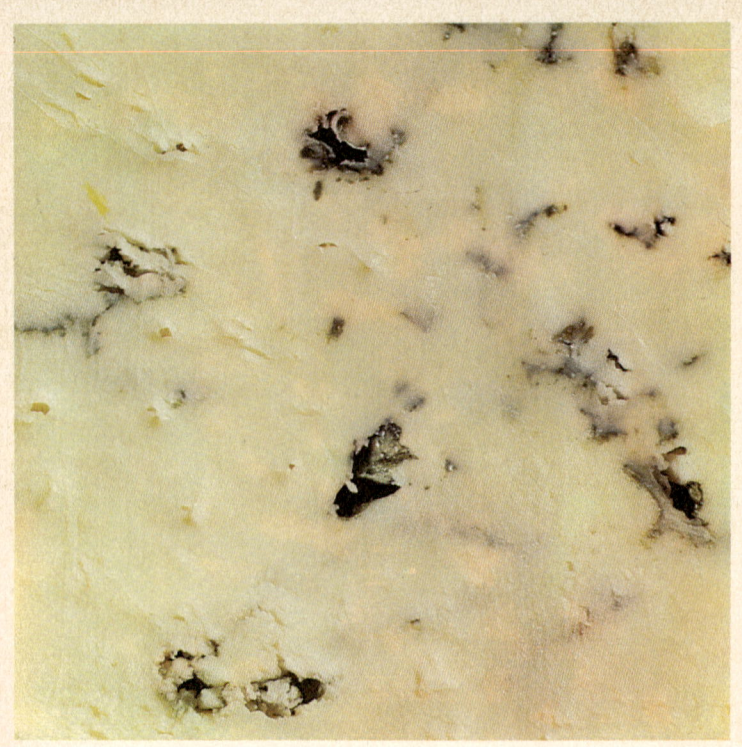

um 300 v. Ch. schon mehrere Sorten von Lab. Die Römer kannten Käse als festen Bestandteil der Verpflegung ihrer Soldaten und brachten von überall her Kostproben mit in ihre Hauptstadt Rom. So unterschiedlich wie die Herkunftsländer der Käse, so unterschiedlich sind deren Käse selbst. Und so unterschiedlich ist auch ihre Verwendung, zur Vorspeise, zum Hauptgericht, zur Nachspeise, zur Suppe, zum Brot, zum Wein, in Notzeiten, zu Festen, zum Tauschen, zum Kaufen, zum Verschenken, als Wegzehrung im Leben und im Tode als Grabbeigabe und anderes mehr.

Die Vielfalt der Käsesorten ist sehr groß; man schätzt sie auf der ganzen Welt auf über 1000, deren Unterschiede aber oft nur gering sind.

## Technologie der Frischkäserei (Säuregerinnung)

Durch den schon von Louis Pasteur geklärten Vorgang der spontanen Säuerung der Milch, als Stoffwechselleistung von bestimmten Bakterien, wird das Gleichgewicht der Eiweiß-

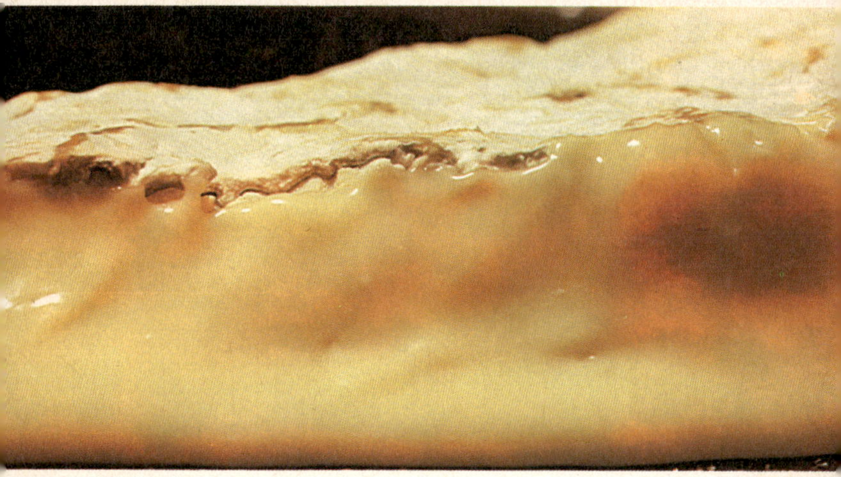

**Oben:**
Reifer französischer Brie,
Rinde bedeckt mit einem
weißen Schimmelrasen.

Der Cheddar aus Schottland
ist ein gepreßter und
gefärbter Hartkäse mit
rötlichem Teig mit
unregelmäßigen Löchern.

Seite 8:
Original Roquefort aus
Südfrankreich, ein
Schnittkäse mit
Innenschimmel, Teig mit
Schimmeladern.

9

moleküle zerstört und ihr Schwebezustand aufgehoben. Die Milch säuert, gerinnt und »erstarrt«. Die entstehende »Dickete« ist sehr weich und sehr molkenreich, so daß der Wassergehalt durch weitere Behandlung gesenkt werden muß. Normalerweise enthält fertiger Quark etwa 75% Wasser und 25% Trockenmasse (Eiweiß, Fett, Milchzucker, Salze, Vitamine usw.). Um diese Zusammensetzung zu erreichen, wird die Dickete entweder in Leinensäcke gefüllt und mit Hilfe von aufgelegten Gewichten ausgepreßt oder in gelochte Formen geschöpft und von selbst auslaufen gelassen, oder es wird ihr, bei modernen Quarkherstellern, durch eine besondere Zentrifuge die Molke entzogen.

Heute überläßt man die Vorgänge der Säurefällung des Eiweißes nicht mehr dem Zufall, sondern pasteurisiert erst die Rohmilch zur Sicherheit (Erhitzung im Durchlauf für 40 Sekunden auf 72 °C bis 74 °C). Die dadurch abgetöteten schädlichen und nützlichen Bakterien werden dann wieder durch den Zusatz von etwa 0,5 bis 1% »Säurewecker« (Starterkultur) ergänzt, ausgesuchten Reinkulturen von milchsäure- und aromabildenden Bakterien.

Das Fett kann dabei ganz oder teilweise in der Milch bleiben. Heute wird in den Molkereien die Milch meistens zentrifugiert und die gewonnene Magermilch zu Frischkäse verarbeitet. Dem fertigen Quark wird dann mit Hilfe eines Mischgerätes die gewünschte Fettmenge als Rahm eingearbeitet und der Quark schließlich in Beutel oder Becher gefüllt. Eine Reifezeit ist nicht nötig; Frischkäse ist — wie der Name schon sagt — sofort verzehrbar und hält sich noch etwa 14 Tage lang frisch. Mancherorts wird auch leicht gereifter Quark gegessen. Obwohl die Ausfällung von Milcheiweiß durch die von den Bakterien aus dem Milchzucker gebildete Milchsäure vollzogen wird, setzt man doch meistens eine kleine Menge Lab zu, um die Gerinnung zu beschleunigen und das Gerinnsel zu festigen. Genauere Daten sind der Tabelle auf Seite 11 zu entnehmen.

## Technologie der Labkäserei (Süßgerinnung)

Die vorhandene Vielfalt der Käsearten und Sorten läßt nicht erwarten, daß für alle Käse das Herstellungsverfahren gleich ist. Man kann aber doch ein allgemein gültiges Schema aufstellen:

*Käsereimilch*
– Prüfung auf Käsereitauglichkeit
– Reinigung mit der Zentrifuge
– Fettgehaltseinstellung mit der Zentrifuge
– Erhitzung (Pasteurisierung)
– Kühlung
– Verarbeitung oder Vorstapelung

*Kesselmilch-Vorbereitung*
– Fettgehaltsfeineinstellung
– Temperierung auf Einlabtemperatur
– Zusatz von Käsereikulturen (Bakterien, für Schimmelkäse auch Schimmelkulturen)
– Zusatz von Lab
– evtl. Zusatz von Salzen und Käsefarbe
– Vorreifungszeit
– Gerinnung zur Dickete

*Bearbeitung des Bruches*
– Zerkleinern durch Messer oder Schneidedrähte in Bruch und Molke
– Bruchverfestigung (Rühren und Erwärmen)
– Bruch ausheben oder abfüllen
– Ausformen oder Portionieren

*Bearbeitung des jungen Käses*
– evtl. Pressen
– Salzbadbehandlung
– Abtropfenlassen bis zum Trocknen
– evtl. Wärmebehandlung im Gärkeller

*Fertiglagerung*
– Reifung
– Oberflächenbehandlung oder Einschluß in eine Folie oder Wachs
– Verpackung

| | Hartkäse | Schnittkäse | Weichkäse | Frischkäse |
|---|---|---|---|---|
| **Ausgangsmilch** | roh | pasteuris. | pasteuris. | pasteuris. |
| **KM Fettgehalt** | 2.9–3.1% | 3.0% | 2.85% | 0% |
| **KM Temperatur** | 30–31 °C | 32 °C | 34–35 °C | 22–28 °C |
| **KM Kulturzusatz** | 1‰ | 1% | 1,5% | 0,5–1% |
| **KM Lab** | 1:15000 | 1:100000 | 1:100000 | 1:10000 |
| **KM Lab Menge** | 100 ml/1000 l | 1 g/100 l | 1 g/100 l | 20 ml/1000 l |
| **Dickungszeit** | 30 min. | 40 min. | 60 min. | 16–18 Std. |
| **Bruchbehandlung** | nachwärmen 1 Std./50 °C | nachwärmen 20 min./40 °C | – | – |
| **Bruchgröße** | Hanfkorn bis Reiskorn | Erbsengröße | Haselnuß bis Walnuß | kein Bruchkorn |
| **Formen** | rund | Brotlaib | rund | ungeformt |
| **Größe** | 70 cm ⌀ | 12 × 25 cm | 8 cm ⌀ | – |
| **Pressen** | 300–1200 kg | – | – | – |
| **Salzbadzeit** | 3–4 Tage | 2 Tage | 1¹/₂ Std. | – |
| **Salzbadtemp.** | 10 °C | 18 °C | 19 °C | – |
| **Rahmzusatz** | – | – | – | ¹/₃ Rahm auf ²/₃ Quark |
| **Oberfläche** | blanke Rinde | Rotschmiere | Schimmel | keine Rinde |
| **Reifungszeit** | ca. 3 Monate | ca. 2 Monate | ca. 14 Tage | – |
| **Reifungstemp.** | 12 °C/22 °C/16 °C | 12–15 °C | 19 °C/15 °C | – |
| **Lagerung** | 10–12 °C | 10–15 °C | 12–16 °C | 4–6 °C |
| **Verzehr** | 3–5 Mon. | 2–2¹/₂ Mon. | 10–30 Tage | frisch |
| **Gewicht** | 70–80 kg | 4–5 kg | 125 g | 250 g |
| **Fett i. Tr.** | 45% | 45% | 45% | 40% |
| **Fett absolut** | 29% | 28% | 22% | 10% |
| **Trockenmasse** | 62% | 55% | 44% | 25% |
| **Wassergehalt** | 38% | 45% | 56% | 75% |

Die Beschaffenheit der Käse ist im wesentlichen abhängig von den aufeinander abgestimmten Faktoren Temperatur, Säure und Lab und der Bearbeitung des Bruches. So haben fertige Weichkäse etwa 45% Trockenmasse (Eiweiß, Fett, Milchzucker, Salze) und etwa 55% Wassergehalt, die Schnittkäse etwa 55% Trockenmasse und 45% Wassergehalt, die Hartkäse etwa 65% Trockenmasse und 35% Wassergehalt. Ein Wertmesser der Käse ist ihr Fettgehalt, der abhängig von der Trockenmasse angegeben wird und auf der Verpackung aufgedruckt ist. Das gibt Anlaß für Verwirrung, denn ein »Vollfetter« Tilsiter mit 45% Fett i. Tr. (Fett in Trockenmasse) hat etwa 28% Fett absolut, ein »Vollfetter« Camembert mit 45% Fett i. Tr. dagegen nur etwa 22% Fett absolut, entsprechend einmal 55% Trockenmasse und einmal 44% Trockenmasse. Besonders kraß ist der Unterschied zum »Sahnequark« mit 40% Fett i. Tr., der nur 10% Fett absolut enthält, weil er eben nur 25% Trockenmasse hat. Die Übersicht auf Seite 11 nennt die wichtigsten Daten für drei der in Deutschland am häufigsten hergestellten Käsesorten der Labkäserei und daneben die Daten für den meistverzehrten Quark (40% F. i. Tr.).

Schema der Säuregerinnung:

## Hilfsstoffe der Käserei

Mit Milch allein ist weder Frischkäse noch Labkäse herzustellen. Für den einen wird bei einer gewissen Temperatur die Tätigkeit bestimmter Bakterien genutzt, für den anderen braucht man darüber hinaus das Lab und das Salz.

Vom Zusatz der verschiedenen Bakterienarten erwartet man vielfältige und ganz verschiedene Wirkungen:

Von den *Streptokokken* schnelle Milchsäurebildung und langsamen Eiweißabbau,

von den *Lactobazillen* langsame Milchsäurebildung und langsamen Eiweißabbau,

von den *Propionibakterien* Abbau der milchsauren Salze, Aromabildung und Lochbildung,

von den *Rotschmierebakterien* Pigmentbildung, Eiweißabbau und Aromabildung.

In dem Abschnitt zur Technologie der Frischkäserei wurde gesagt, daß die spontan gebildete Milchsäure den Käsestoff ausfällt. Dabei wird die Milch zunächst sauer, und später gerinnt sie zu einem zarten »Kuchen« mit einer gewissen Festigkeit; bei fortschreitender Säurebildung wird der »Kuchen« so verfestigt, daß er sich langsam vom Wasser in der Milch trennt. Dieses Wasser heißt Molke und ist eine grünlich-gelbe Flüssigkeit, die Milchzucker, Salze und andere wasserlösliche Stoffe enthält.

| Käsestoff (*Kasein und Kalk*) | + Milchsäure → | Kasein (*als Quark*) | + Molke (*mit Kalksalzen*) |
|---|---|---|---|

Der Eiweißabbau wird ebenfalls von den zugesetzten Bakterienkulturen bewerkstelligt, auch das Lab greift in den Prozeß mit ein. Dabei wird das von Säure und Lab angegriffene Eiweiß weiterzerlegt, teilweise bis zu den Aminosäuren oder in noch kleinere Bestandteile. Beim Eiweißabbau entstehen Geruchs- und Geschmackstoffe, die miteinander das Aroma ausmachen. Den ganzen Vorgang, einschließlich der Wasserlöslichmachung für die Verdaulichkeit, nennt man Käsereifung. Durch Säurefällung entstandener Quark braucht nicht zu reifen, er ist bereits wasserlöslich.

Schema der Labgerinnung:

Die Wandung des vierten Magenabschnitts der Wiederkäuer (Rind, Ziege, Schaf, Reh) enthält im jugendlichen Alter besondere Drüsen, die das Enzym Chymosin oder Lab produzieren. Es ist in der Lage, die größte Eiweißfraktion der Milch, das Kasein, aus der Milch auszufällen, weil es einen Teil des Kaseins, das kappa-Kasein, das das übrige Kasein in der Schwebe hält, so verändert, daß es seine Schutzfunktion verliert. Neben dem genannten Kälberlab, das sich in den letzten Jahren ständig verteuerte, weil meist nur noch ältere Kälber geschlachtet werden, verwendet man zunehmend mikrobielles Lab, das ein Stoffwechselprodukt von bisher drei verschiedenen Schimmelarten ist.

| Käsestoff (*Kasein und Kalk*) | + | Lab | → | Parakasein und Kalk (*als Bruch*) | + | Molke (*mit Molkeneiweiß*) |
|---|---|---|---|---|---|---|

## Salzbad

Die Frischkäse benötigen keine Salzbehandlung, weil sie keine Rinde bekommen sollen. Die Labkäse werden je nach Größe, die großen länger, die kleinen kürzer, in eine etwa 20%ige Kochsalzlösung eingelegt, damit sie noch Molke verlieren und Salz aufnehmen. Dadurch bekommen die Käse eine bestimmte Geschmackskomponente; weiteren Geschmack entwickeln die Käse während der Reifung. Ihre überaus zarte und daher verletzliche und gegen Austrocknung empfindliche Oberfläche verhärtet zu einer Rinde. Früher hat man die Käse in trockenem Salz gewendet und damit den gleichen Effekt erzielt, allerdings mit einem viel höheren Arbeitsaufwand.

## Was sonst noch benötigt wird

Alle Vorgänge in der Käserei sind stark temperaturabhängig: Erwärmung und Kühlung haben entscheidenden Einfluß. Das beginnt mit der Kühlung der Rohmilch, geht weiter über die Pasteurisierung der Käsereimilch, die Einstellung auf die sortenabhängige Einlabtemperatur, eine eventuelle Nachwärmung des Bruches, die Temperatur in den Formen und auf der Presse, im Salzbad, im Abtropfraum, im Gärkeller, im Lagerkeller, beim Käsehandel und schließlich auch im Haushalt.

Die durch die Bakterien entwickelte Säure wird nach der Eiweißfällung nicht überflüssig, sondern schützt das leicht verderbliche Eiweiß gegen Fäulnisbakterien.

Außer der üblichen Milchzuckervergärung und dem Eiweißabbau ist durch den Zusatz bestimmter ausgesuchter Schimmelkulturen (weiß oder blaugrün) die Fettspaltung gewährleistet, die die Schimmelkäse besonders leicht verdaulich macht.

Die Labwirkung ist mit der Eiweißfällung nicht beendet, sondern wirkt weiter bei der Eiweißspaltung durch die Bakterien mit.

Das in einer Käserei verwendete Wasser hat in seiner Qualität eine große Bedeutung für alle Reinigungsvorgänge, das Waschen des Bruches, die Käsebehandlung im Keller und anderes mehr.

Auch der Wassergehalt der Luft in den Reifungskellern beeinflußt direkt den Verlauf der Reifung und das Wachstum von Schimmel und Rotschmierebakterien.

Manche Käse werden als Schmierkäse bezeichnet, weil sie einen bräunlichgelben Belag zeigen, der eine schmierige, pappige Konsistenz und einen intensiven Geruch hat. Dieses als »Limburger Aroma« bezeichnete Bouquet entsteht durch im Salzbad und im Käsekeller vorhandene pigmentbildende und eiweißspaltende Bakterien. Vermehren sich diese Bakterien auf den Käsen nicht genug, muß man mit Rotschmierekulturen nachhelfen. Die aus dem Salzbad mitgebrachten Salzbadhefen begünstigen das Fortkommen der Rotschmierebakterien. Diese wachsen nur auf der Oberfläche, wobei ihre Enzyme in den Käse eindringen und eine Reifung von außen nach innen bewirken.

Die Kesselmilch einzelner Käsesorten wird aus alter Tradition gefärbt. Dafür werden natürliche Farben wie pflanzliches Annatto und Carotin verwendet.

Zum Schutz der Oberfläche werden alle möglichen Verfahren benutzt, wie das Einschließen in evakuierte Folien, das Tauchen in flüssige Kunststoffe oder in Wachs, das Einschmieren mit Öl usw.

*Milchbildungszellen*
**Ort der Milchbildung sind die Zellen, die die kleinen Hohlräume (Alveolen) im Drüsengewebe des Euters auskleiden. Die Zellen sitzen auf einer Basalmembran auf, durch die aus dem dahinter in Gefäßen pulsierenden Blut die Stoffe entnommen werden, aus denen sie die Milchinhaltsstoffe bilden.**
*1* **Schlußleiste zwischen den Zellen**
*2* **Fettkügelchen mit Eiweißhülle am freien Zellrand**
*3* **Drüsenzellschicht (Milchbildungszellen)**
*4* **Zellkern mit Zellkernmembran**
*5* **Basalmembran**
*6* **Gefäßwand einer Blutkapillare**
*7* **Rotes Blutkörperchen (als Größenvergleich)**
*8* **Plasma des strömenden Blutes.**

# Das Ausgangsprodukt Milch

Als die Jäger und Sammler vor vielen Jahrtausenden seßhaft wurden und zum Ackerbau übergingen, begannen sie auch mit der Zähmung von Wildtieren und kamen zur Haltung von Haustieren. Die Milch der Muttertiere von Rind, Schaf und Ziege, Büffel und Rentier werden sie frühzeitig probiert und für gut befunden haben. So entstand wohl der Wunsch und später auch die Verwirklichung einer Auslese, Fütterung und Haltung von Milchtieren. Die Bevorzugung von Rind, Ziege und Schaf ist dabei sicher mit der für die menschliche Hand so günstigen Form der Zitzen zu erklären, die eine problemlose Entleerung durch den Melker ermöglicht.

Zu jeder Zitze gehört ein Milchdrüsenpaket, das vom Augenblick der Geburt des Jungen an – gesteuert durch Hormone im Blut – die Milch produziert, und zwar 24 Stunden am Tag rund um die Uhr. Das einzelne Drüsenpaket wird bei der Kuh Euterviertel genannt, entsprechend der Vierzahl der Zitzen. Jedes Viertel ist in seinem Feinbau mit einem

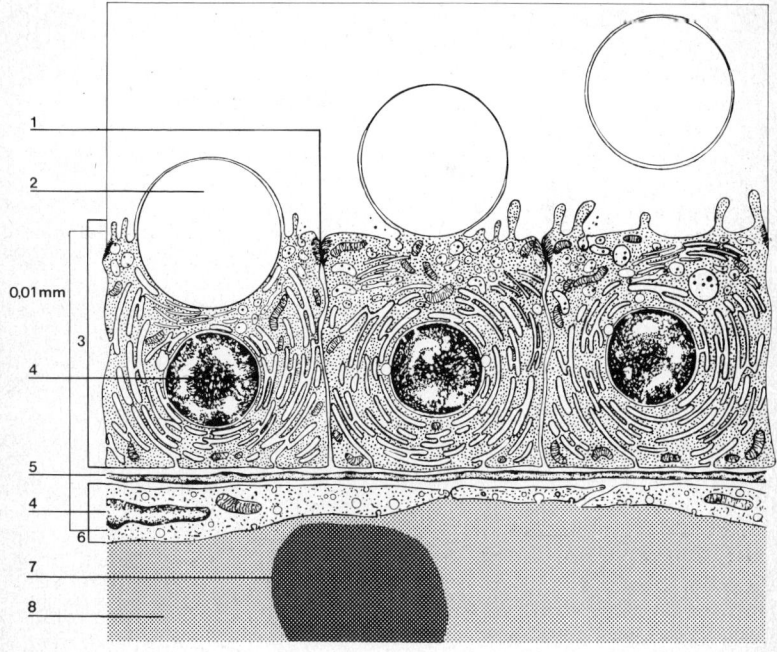

1  
2  
0,01 mm  
3  
4  
5  
4  
6  
7  
8

Schwamm zu vergleichen, der sich ganz langsam füllt. Wenn er voll ist, unterbindet der entstandene Füllungsdruck eine weitere Milchproduktion. Daher wird morgens und abends das Euter entleert, damit wieder Milch gebildet werden kann. Die Produktionsstätte selbst sind die Milchbildungszellen, die die Innenauskleidung der schwammartigen kleinen Hohlräume darstellen.

Die Milchbildung in den Zellen selbst ist in dem Schema auf Seite 15 dargestellt.

Es ist daraus zu erkennen, daß die Milchbildungszellen aus dem Blut Inhaltsstoffe entnehmen, diese in den Zellen zu Milchbestandteilen umwandeln und am freien Rand der Zellen als fertige Milch in den Innenraum der Drüsenbläschen (Alveolen) abscheiden. Dieser Vorgang ist ein Abschnüren eines mit einer feinen Hülle umgebenen Milchtropfens und hinterläßt eine winzige Narbe. Ist der freie Saum mit Narben bedeckt, funktioniert der Vorgang nicht mehr und die »verbrauchte« Zelle wird abgestoßen. Sie wird aber durch eine junge Zelle ersetzt, die den freien Raum wieder ausfüllt.

Die Entleerung des mit Milch gefüllten Euters ist ebenfalls ein hormoneller Vorgang, der durch Sinnesreize, besonders bei Berührung der Zitzen, in Gang gesetzt wird. Dabei bewirkt das Milchausscheidungshormon für einige Minuten das Zusammenziehen von elastischen Fasern um die Drüsenbläschen herum, so daß die Milch in die Milchgänge und die Zitze »einschießt«. Dann kann die Milch mit der Hand durch Druck oder mit der Melkmaschine durch Saugwirkung entleert

werden. Das Kalb kombiniert beide Wirkungen, indem es drückt und saugt.

Bei einer guten Kuh sind 30 Liter Milch und mehr pro Tag für eine bestimmte Zeit keine Seltenheit. Später nimmt die Menge beständig ab, um kurz vor der Geburt eines neuen Kalbes gänzlich zu versiegen. Unsere heutigen, auf Milchleistung gezüchteten und gefütterten Kühe müssen allerdings »mit Gewalt« trocken gestellt werden, indem man sie bei knapper Fütterung einfach nicht mehr melkt. Diese Maßnahme ist etwa 6 bis 8 Wochen vor dem neuen Abkalbetermin notwendig, damit sich die strapazierte Milchdrüse wieder erholen kann. Für eine Leistung von 30 Liter Milch pro Tag ist eine ungeheure Stoffwechselleistung nötig, denn es sind etwa 1400 g Milchzucker, etwa 1200 g Milchfett und etwa 1000 g Milcheiweiß aus Inhaltsstoffen des Blutes zu Milchbestandteilen umgebildet worden.

Die Zusammensetzung von Kuhmilch ist etwa: 3,8% Fett, 3,4% Eiweiß, 4,8% Milchzucker und 88% Wasser. Außerdem sind Mineralstoffe, Spurenelemente, Vitamine, Enzyme und anderes enthalten. Man kennt heute über 100 verschiedene Einzelstoffe in der Kuhmilch. Außer der Milch von Kuh, Ziege, Schaf und Büffel hat die Milch anderer Tiere, wie Pferd und Esel, Kamel und Rentier, als Nahrungsquelle für den Menschen nur geringe Bedeutung.

Der wesentliche Bestandteil von Käse ist das Milcheiweiß. Es ist kein einheitlicher Stoff und besteht aus zwei großen Gruppen von Eiweißfraktionen: Kaseine und Molkenproteine

Höhlenmalereien aus Nordafrika (5000 und 2000 v. Chr.) zeigen Kühe mit großen Eutern.

Mit Gräsern nehmen die Milchkühe all die Stoffe in sich auf, die dann zu Bestandteilen der Milch werden.

17

(Albumin, Globulin). Die Kaseine machen etwa 80% des Gesamteiweißes aus und werden als Käse gewonnen; die Molkenproteine bleiben – wie der Name sagt – in der Molke. Die Kuhmilch enthält etwa 2,8% Kasein, die Ziegenmilch hat mit 2,5% etwas weniger, die Schafsmilch mit etwa 4,5% aber deutlich mehr. Daher ist die Ausbeute an Schafkäse auch bedeutend höher.

## Die Milchtiere

Hauptmilchlieferanten auf der Welt sind die Milchkühe; in der Bundesrepublik gibt es etwa 5 Millionen Kühe, die im Durchschnitt etwa 4000 l Milch pro Tier und Jahr erzeugen. Vor etwa 150 Jahren noch lag die durchschnittliche Milchleistung bei etwa 1000 Litern und darunter. Erst zu dieser Zeit begann man, die damaligen Landrassen nach den Zuchtzielen Milch oder Fleisch oder beidem systematisch zu züchten. Früher war das Rind außerdem als Zugtier gefragt, es mußte also auch Arbeit verrichten, wie es heute in armen Ländern noch vielfach üblich ist. In diesem Fall ist jedoch keine große Milchleistung mehr möglich. Heute sind weltweit Bestrebungen im Gange, die europäischen und nordamerikanischen Milchleistungsrassen mit tropischen und subtropischen Rassen zu kreuzen, um hohe Milchleistung mit Härte und Genügsamkeit zu vereinen. Außerdem sind Tiere anderer Zonen an diese akklimatisiert und für die dortigen Krankheiten weniger anfällig. So gibt es bereits eine ganze Reihe von »Neuschöpfungen« europäisch-nordamerikanischer Rassen mit Zeburindern, mit dem Yak, mit dem Wasserbüffel usw.

In Deutschland entfallen die höchsten Anteile auf die beiden Niederungsviehrassen: Die Deutschen Schwarzbunten und die Deutschen Rotbunten, sowie auf die beiden Höhenviehrassen: Deutsches Fleckvieh und Deutsches Braunvieh. Außerdem gibt es noch Angler, Vorderwälder, Hinterwälder, Gelbvieh, Rotvieh, Pinzgauer, Jersey und andere.

In England und Amerika herrschen die Holstein-Friesian-Kühe vor, in Frankreich die Normannischen Kühe, in der Schweiz das Braunvieh.

Die am meisten verbreiteten Ziegenrassen sind bei uns die weiße und die braune Saanenziege.

Milchschafrassen sind das Friesische Milchschaf und in Frankreich z. B. das Larzac- oder Lacaun-Schaf.

# Käse als Nahrungsmittel

Ansichten, wonach Käse kein Essen für Gentlemen sei oder bedenklich für die Gesundheit von Frauen und Kindern, sind längst überholt. Die moderne Ernährungsphysiologie hat die Käse – insbesondere die Frischkäse – als besonders leicht verdaulich und bekömmlich herausgestellt. Aus keiner Nahrung ist überdies Eiweiß so billig und biologisch so wertvoll zu gewinnen wie aus Käse. Das Milchfett ist bekanntlich das am leichtesten verdauliche aller Speisefette. Der Vitaminreichtum der Milch geht auf den Käse über. Die überaus wichtigen Mineralstoffe bringt der Käse reichlich mit. Der kalorische Wert von Käse ist hoch, so daß die Übergewichtigen ständig auf der Suche nach Käsesorten sind, die weniger Fett enthalten. Mehr als 90% des Käses ist verdauliches Material, ist Energiespender und für das Wachstum geeignet. Für schmale Geldbeutel ist der Quark besonders interessant, weil beispielsweise das verdauliche Eiweiß im Kalbfleisch mehr als viermal soviel kostet als das im Quark. Die Verwendbarkeit des Käses als Nahrungsmittel ist vielfältig; man kann ihn roh essen, gekocht, gratiniert oder geschmolzen, in der Suppe, im Hauptgericht und als Nachspeise, zum Wein, zum Bier und zu vielem anderen.

Die leichte Verdaulichkeit des Käses ist besonders für ältere, kranke und schwache Menschen günstig, weil Käse durch die Reifung schon von Bakterien zum Teil »vorverdaut« wurde und trotzdem alles Lebensnotwendige vorhanden ist. Der Hauptenergielieferant im Käse ist das Fett. Besonders gutschmeckende Käse sind fettreich. Daher liegen die Meinungen auch im Streit, ob man lieber auf die Kalorientabelle schauen oder sich lieber Gaumenfreuden gönnen soll. Im ganzen gesehen ist es mit den Kalorien gar nicht so schlimm, wenn man z. B. das Fleisch zum Vergleich heranzieht: Hinter dem pompösen Namen »Sahnequark« verbirgt sich nicht mehr Fett – nämlich 10% absolut – als in magerem Rindfleisch.

Weiß man, daß sich der angegebene Fettgehalt der Käse allein auf die Trockenmasse bezieht, also alles was übrigbleibt, wenn man das Wasser entzieht, dann mindert sich die Furcht vor den vielen Kalorien im Käse.

Es ist übrigens unmöglich, einen ganz genauen Kalorienwert für Käsesorten anzugeben, weil dieser vom jeweiligen Zustand, Alter, Austrocknungsgrad usw. abhängt. Allgemein gilt, daß der Kalorienwert umso niedriger liegt, je höher der Wassergehalt ist, da dann weniger Trockenmasse und weniger Fett vorhanden sind. Man kann davon ausgehen, daß beispielsweise 100 g Cottage cheese etwa 100 Kalorien (400 Joule), 100 g Camembert (50%) etwa 280 Kalorien (1150 Joule) und 100 g Emmentaler etwa 370 Kalorien (1500 Joule) haben. Aber wer ißt schon 100 g Käse auf einmal?

# Die Geschichte der Käseherstellung

Irgendwo in den großen, windgepeitschten Steppen von Zentral-Asien sollte eigentlich ein Monument stehen, denn hier lebte – wenigstens der Legende nach – einstmals ein einfacher Nomade, der damit begann, Käse so zu machen, wie wir ihn heute kennen.

Die ältesten Rinder, die domestiziert wurden, waren wohl die Auerochsen, eine Rasse, über ganz Europa und den Mittleren Osten verbreitet. Die Käseherstellung folgte der Domestizierung bald, aber erst einmal nur in Form von natürlich gesäuertem Quark. Und dann füllte eines schönen Tages ein unbekannter Vorfahre frische Milch in einen kaum gegerbten Trinkbeutel, den er aus dem Magen einer jungen Ziege oder eines jungen Schafes gemacht hatte. Und siehe da! Die Milch gerann sofort und blieb süß! Geronnene, aber trotzdem noch süße Milch war etwas, das die Hirten oft genug im Magen eines geschlachteten Jungtieres gesehen hatten. Sparsamkeit mag sie dazu gebracht haben, diese zu essen. Damit hatten sie das Geheimnis entdeckt, wie sie süßgeronnene Milch selbst machen konnten – der Weg der Käseherstellung war gebahnt.

Es gibt viele Versionen von dieser Geschichte. Einige erzählen, daß der Nomade diesen Magenbeutel beim Reiten an seinen Sattel band, andere sagen, daß der Beutel einfach im warmen Zelt stand. Andere wieder meinen, daß das alles gar nicht so war. Die alten Griechen z. B. schwören, Käse sei, wie das Feuer, eine Gabe der olympischen Götter. Wie auch immer, für Lab ist seither kein besserer Ersatz gefunden worden, und Lab wird auch heute noch aus dem Magen von jungen Wiederkäuern gewonnen. Sei es Brie, Chèvre, Roquefort, Gouda oder Emmentaler – bei allen Käsen läßt man die Milch damit gerinnen.

Wandernde Nomaden, Horden von Eroberern, römische Legionäre, christliche Mönche und das geschriebene Wort verbreiteten langsam die Kenntnisse von der Käseherstellung über die ganze Welt. Aber es gab auch Ausnahmen: Die Käseherstellung muß eine der wenigen Erfindungen gewesen sein, die man nicht chinesischem Erfindungsgeist zuschreiben kann. Auch auf dem indischen Subkontinent lehrten einige Religionen, daß Milch- und Käsegenuß die Tiere ihrer Rechte beraube. Die Indios in Amerika waren nur Jäger, nicht Züchter, und auf den Pazifischen Inseln gab es keine geeigneten Tiere für die Milchgewinnung.

Archäologen überraschen unsere moderne Gesellschaft mit immer neuen Funden zur antiken Kunst der Käseherstellung. Sie können uns aber nicht erzählen, wie diese Käse zubereitet wurden oder wie sie schmeckten, aber bestimmte Gefäße wurden eindeutig als Käseformen mit Löchern, aus denen die Molke abfließen kann, identifiziert.

Die Domestizierung von Säugetieren zur Milchgewinnung begann in Europa wahrscheinlich in Mazedonien um das Jahr 6000 v. Chr. Ein Beweis für

die Milchverarbeitung ein halbes Jahrtausend später wurde unlängst auf Höhlenbildern der lybischen Sahara gefunden. Das liegt noch 2000 Jahre vor unserer Kenntnis von ähnlichen Entwicklungen in Mesopotamien und im alten Ägypten der Pharaonen. Das Grab des Pharao Horus-aha enthielt Gefäße mit einem Inhalt, der von Wis-

**Ein Fresko aus dem Aosta-Tal, 15. Jahrhundert, mit verschiedenen Käsesorten wie Provolone, am Balken hängend, und Parmesan oder ähnliches auf dem Tisch.**

senschaftlern als Käse identifiziert werden konnte.

Als das römische Reich sich über Europa ausdehnte, war die Käseherstellung schon weit verbreitet, eine Vielzahl von Sorten war damals schon bekannt. Es konnten sogar verschiedene Sorten von Lab genannt werden, außer tierischem auch pflanzliches Lab aus Pflanzensäften, Blättern und Rinde, um Milch gerinnen zu lassen und geschmacklich zu verändern. Vielerorts waren Ziegen die wichtigsten Milcherzeuger. Kühe kamen erst viel später, vermutlich als sich der Einfluß der wikingischen Züchtertätigkeit auch im Mittelmeerraum bemerkbar machte.

Die von den Römern kolonisierten Volksstämme hatten schon vielfach ihre eigenen Käsesorten: Goten, Teutonen und Kelten machten mehrere Sorten, die den Römern gut genug waren, um sie zu importieren und auf ihren Märkten zu verkaufen. Käse war für die Römer von größter Bedeutung: Jeder Soldat hatte Käse in seinem Marschgepäck, Käse konnte man auf jedem Markt kaufen, Käse wurde für Festgelage mit Honig, Gewürzen, Wein und Kräutern vermischt, mit Käse gratinierte Speisen waren eine kaiserliche Spezialität. Die römische Besatzungsmacht brachte ihre eigenen verfeinerten Methoden der Käseherstellung in die eroberten Länder und hatte damit einen direkten Einfluß auf viele Käsesorten, so wie wir sie heute kennen.

Nachdem das Römische Reich untergegangen war, waren es beinahe tausend Jahre lang die christlichen Klöster, die das Erbe der Käseherstellung weitertrugen. Einfacher Frischkäse

war zwar ein wichtiger Teil bäuerlicher Nahrung; aber die Herstellung in größeren Mengen wurde nur von klösterlichen Milchwirtschaftshöfen versucht. Die keltischen Mönche in Irland blieben unberührt von den Brandungen der Völkerwanderung, und sie waren es, die nach dem Niedergang des Römischen Reiches eine ausgefeilte Industrie der Käseherstellung wieder einrichteten.

Die meisten alt-bekannten Käse in Frankreich, Italien und der Schweiz lassen sich auf diese klösterlichen Hausrezepte zurückführen, und bis auf den heutigen Tag wird z. B. »Port du Salut« nur von den Mönchen der Abtei von Entrammes hergestellt.

Der größte Anstoß zur Ausweitung der Kunst des Käsemachens kam von unerwarteter Seite – von den Wikingern. Es ist heute oft unbekannt, wie weitläufig ihr Handel und ihr Einfluß gewesen sind. Sie kamen bis nach Istanbul, wo es bekanntlich blonde Leibwächter an den Höfen von byzantinischen Kaisern gab. Die Wikinger nutzten ihre Handelsrouten, um Kenntnisse mit den Hirten an der Wolga, dem Schwarzen Meer, in den baltischen Ländern, England und der Normandie auszutauschen.

Die Wikinger brachten aber auch ihre Rinder zu den neuen Häfen, verkauften sie und machten so hochwertige Kreuzungszüchtungen möglich, die man noch heute findet.

Der neuerliche Zusammenstoß zwischen Ost und West während der Kreuzzüge vom 11. bis zum 13. Jahrhundert brachte Europa wiederum beträchtlich voran. Die eleganten und raffinierten Küchenkünste der Araber und Byzantiner eroberten Europa im

Fig. 19

Fig. 15

Fig. 16

Sturm. Heute noch bietet die marokkanische Küche Delikatessen, die angeblich traditionell altenglisch sind, in Wirklichkeit jedoch aus dem Osten stammen, zusammen mit exotischen Früchten und Gewürzen. Diese neuen Gewürze – Pfeffer und Kümmel – fanden auch ihren Weg in den frischen und den gepreßten Käse. Aber was den europäischen Gaumen damals wirklich aufweckte, war die verführerische Kombination von Weichkäse mit Rosenwasser oder Orangenblütenwasser.

Mit Handelszentren wie Venedig und den Städten der Hanse etablierte sich das große Geschäft und die internatio-

**Alter Stich von einer Bauernkäserei mit dem hängenden Käsekessel über dem Feuer, einem Stoßbutterfaß, einem Salzbad und Käsen in der Presse.**

nale Vermarktung. Käse wurde ein international bekanntes und beliebtes Nahrungsmittel und damit ein wichtiger Teil des Handels. Der Export erzeugte eine immer größere Nachfrage nach den Sorten, die sich beim Transport gut hielten; dadurch kam die Entwicklung vieler gepreßter Käse zustande.

Einige Käse waren nur zum sofortigen

Genuß bestimmt und somit nicht transportierbar. Es bedurfte langer Experimente und der Erfindung von Kühlgeräten, bevor diese Sorten allgemeine Verbreitung fanden. Erst im 19. Jahrhundert wurden beispielsweise hölzerne Kistchen entwickelt, um Camembert zu transportieren.

Um am Markt zu bleiben, mußte man Köpfchen haben. Hygiene bei Herstellung und Handel, das wußte man, war von einiger Bedeutung, aber es gab wenig Kenntnisse darüber, wie ein Hersteller oder Käufer diese verbessern konnte. Und es gab auch noch keine Methoden, um zu beurteilen, ob die bekannten Verfahrensweisen am Ende ein aufregendes Geschmackserlebnis oder einen verdorbenen Magen bescheren würden. Temperatur, Säuregrad, Reifung und Preßdruck waren noch ganz zufällige Dinge. Es wird sogar behauptet, daß früher nur einer von drei Käsen wirklich mit Genuß eßbar war. Und so blieb es wohl bis ins frühe 19. Jahrhundert, bis die neuen Wissenschaften zum ersten Mal anfingen, die Natur zum Diener des Menschen zu machen.

Arbeiten besonders von Louis Pasteur in Frankreich erklärten das Sauerwerden der Milch als Bakterientätigkeit, und man erkannte, daß eine begrenzte Hitzebehandlung von Milch diese stabiler machen konnte. Das war eine Technik, die sich sehr schnell verbreitete, nicht zuletzt, weil sie auch Krankheitserreger in der Milch und damit im Käse abtötete. Bald machten es Fortschritte beim keimfreien bakteriologischen Arbeiten möglich, in der ganzen Welt Reinkulturen für alle Käsearten anzubieten, um die abgetöteten »wilden« Bakterien in der pasteu-

**Alte Käsepresse aus einer englischen Bauernkäserei.**

risierten Milch durch erwünschte zu ersetzen. Auch das Lab wurde standardisiert.

Die Ausweitung des Wissens führte bald zur Nutzung von Dampf und damit zum Anfang der drastischen Beschränkung des Bedarfes an menschlicher Arbeitskraft. Schon 1856 konnte man in Norwegen eine große Käsefabrik gründen, die erfolgreich und ertragreich war. Andere in ganz Europa folgten. In weniger als fünfzig Jahren wurden die tausendjährigen Traditionen vom Käse so verändert, daß sie sicher nie wieder das werden, was sie einmal waren.

# Die Käsehersteller

Außer den Chinesen, die Milch nie als für den menschlichen Genuß geeignet betrachteten, und denen bei dem Gedanken, »faulige Milch« zu essen, übel wird, macht beinahe jedes andere Volk irgendeinen Käse, auch wenn nicht althergebrachte Traditionen vorhanden sind.

Die größten Käsehersteller sind die USA und die UDSSR, gefolgt von Frankreich, der Bundesrepublik Deutschland, Italien, den Niederlanden und Polen. Die führenden Hersteller sind aber nicht zugleich auch führende Exporteure. Hier lautet die Reihenfolge: Niederlande, Frankreich, Neuseeland, Dänemark und Bundesrepublik Deutschland. Das Verhältnis von Käseproduktion und Export hängt von vielerlei Bedingungen ab, wie Milchproduktion, Inlandsverbrauch einheimischer Sorten, Bevölkerungszahl, Eßgewohnheiten usw. Die größte Beliebtheit einer inländischen Sorte ist dabei niemals die Garantie für ihren Erfolg im Export. Das engste Verhältnis zwischen Produktion und Export findet sich in den Niederlanden: Die Holländer exportieren ihren ausgezeichneten Käse fast zu $^2/_3$ der Gesamtmenge; im überseeischen Neuseeland werden sogar $^9/_{10}$ des hergestellten Käses exportiert.

Besonderheiten gibt es in Asien: Die Mongolen machen Käse aus der Milch ihrer Stuten, und das isolierte Tibet war seit eh und je abhängig von der begrenzten Versorgung mit Yak-Milch.

In Indien haben neuerdings größere

religiöse Freiheit und mehr Wissen über die Ernährung die Produktion von Käse ermöglicht. Viel Käse, der in Indien verbraucht wird, kommt aus Nepal, wo sich eine verhältnismäßig neue Käse-Industrie als recht erfolgreich und einträglich erwiesen hat.

Gemessen am heutigen Ruhm des kanadischen Cheddar und dem riesigen Ausstoß an Wisconsinkäse, ist die Tatsache erstaunlich, daß über den gesamten amerikanischen Kontinent hinweg Milch als Nahrungsmittel wahrscheinlich unbekannt war, bis die europäischen Siedler kamen. Ausgezeichnete Käse haben heute dort ihre Vorfahrenschaft direkt in den uralten Traditionen einiger europäischer Länder. Die erstaunliche Mischung von Menschen und Kulturen und die andauernde Suche nach neuen Techniken haben aber auch zur Schöpfung einiger bemerkenswerter amerikanischer Käse geführt, beispielsweise des »Pineapple«, dessen harte Rinde als Salatschüssel benutzt werden kann, nachdem der weiche Kern gegessen wurde. Industriell hergestellter Schmelzkäse ist auch eine amerikanische (oder schweizer?) Erfindung und zu einem weltweiten Produktionszweig geworden.

In Südamerika sind weiße Käse sehr populär. Argentinien exportiert eine große Menge Käse; argentinischer Parmesan hat sich im Ausland einen guten Ruf erworben.

Australien, vor allem Neuseelands Nordinsel, hat perfekte Klimabedingungen für die Milchwirtschaft. Und so wird denn auch berichtet, daß der neuseeländische Stilton mindestens so gut – manchmal sogar besser – als der »echte« englische Stilton sei.

Vielleicht sind die interessantesten Beispiele modernster Milchwirtschafts-Technologie Dänemark und Irland. Obwohl beide Länder über viele Jahrhunderte hinweg Milchwirtschaftsländer waren, hat ihr gegenwärtiger Platz auf dem Weltkäsemarkt als Hersteller und Exporteur nichts mit ihren ursprünglichen einheimischen Käsesorten zu tun. Dänischer Mozarella, irischer Brie, französischer Cheddar und neuseeländischer Stilton haben alle ihre Meister gefunden. Und was machen die cleveren Japaner? Nahezu alles. Eine große Vielfalt von Welt-Käsesorten wird in Japan hergestellt und vermarktet, in einem Land, in dem zu Anfang dieses Jahrhunderts kaum Käse gegessen wurde.

**Die Käseesser**

Überraschenderweise lagen die Franzosen noch bis vor wenigen Jahren nicht an der Spitze dieser Skala – sie wurden von den Griechen übertrumpft. Die neuesten französischen Zahlen sind recht verständlich, wenn man in Betracht zieht, welch ein wunderbares Spektrum von Käsefreuden es dort gibt, denen man verfallen kann. Aber warum essen die Griechen etwa auch so viel Käse, wo sie doch so wenig Auswahl haben – nicht mehr als zwei oder drei Sorten an den meisten Orten? Eigentlich ist eben doch alles durch nationale Eßgewohnheiten bedingt. Da das durch die Wärme schnell verderbliche Fleisch in Griechenland besonders rar und teuer ist, bleibt Käse als perfekter Eiweiß-Ersatz. Der salzige »Feta« befeuchtet das ziemlich trockene, aber füllende griechische Brot. Feta wird dem Salat beigemischt und die übliche Pasta wird damit dekoriert, dazu gibt es frischen Zitronensaft.

Wenn es keine Hygiene-Vorschriften – die in jedem Land verschieden sind – und keine komplizierten, scharf kontrollierten Einfuhrquoten gäbe, um einheimische Industrien zu schützen, wären wahrscheinlich die Exportziffern für Käse auf der Welt noch viel größer.

**Die pro Kopf der Bevölkerung verzehrte Käsemenge ermöglicht Rückschlüsse auf Lebensstil, Lebensstandard und Eßgewohnheiten.**
**Sie ist auch Ausdruck der örtlichen Preisentwicklung, der Agrarstruktur, der Wahlmöglichkeiten zwischen verschiedenen eiweißhaltigen Speisen, der klimabedingten Lebensmittelaufbereitung und Lagerung sowie der traditionsgebundenen Käsereiwirtschaft der Länder.**
**Der Verbrauch der größten Käseverbrauchsländer in kg Käse pro Kopf im Jahre 1978:**

| | | | |
|---|---|---|---|
| 1. Dänemark | 8,8 | 8. Bundesrepublik Deutschland | 14,3 |
| 2. Belgien | 10,0 | 9. Griechenland | 15,2 |
| 3. Norwegen | 11,5 | 10. Frankreich | 17,4 |
| 4. Niederlande | 12,3 | | |
| 5. Schweiz | 12,5 | | |
| 6. Israel | 12,6 | | |
| 7. Italien | 12,8 | | |

# Die Käsearten

Eine Einteilung der Käse nach den verschiedenen Sorten ist wegen der ungeheuren Vielfalt nicht möglich; es werden auf der Welt mehrere tausend Sorten hergestellt, die sich oft nur in ganz geringen Abweichungen voneinander unterscheiden. Um eine brauchbare Klassifizierung zu haben, ist es daher richtig, nicht nach Aussehen (außen und innen), Geruch, Geschmack und Konsistenz zu unterscheiden, sondern zunächst die Gruppen nach der Art ihrer Herstellungsverfahren voneinander abzugrenzen.

## Frischkäse

Darunter werden alle Käse verstanden, bei deren Herstellung der Käsestoff im wesentlichen durch Milchsäureeinwirkung aus der Milch ausgefällt wird. Sie werden meist ungereift verzehrt. Ihr Wassergehalt ist hoch. Ihr Fettgehalt reicht von 0% bis über 60% F. i. Tr. Früher wurden sie ausschließlich im Haushalt hergestellt, heute werden sie in Molkereien in Großproduktion fabriziert. Sie müssen in Kühlschränken aufbewahrt werden, weil sie nur wenige Tage haltbar sind.

Die deutschen Frischkäse umfassen folgende Sorten:

**Speisequark** in den Fettstufen: Unter 10%, 20% und 40% Fett i. Tr., letzterer wird auch Sahnequark genannt. Diesen Stufen entsprechen 79% Wassergehalt und 21% Trockenmasse, 76% und 24% bzw. 72%

und 28%. Mundartlich werden für den Quark ganz verschiedene Bezeichnungen gebraucht, wie Klatschkäs in Nordrhein-Westfalen oder Topfen in Bayern. Eine Art Aufbereitung ist in den Speisequarkzubereitungen zu sehen, bei denen Rahm, Speiseöl, Konfitüren, Obstmark, Zukker, Wein, Spirituosen, Salz, Gewürze, Kräuter und Farbe zugesetzt werden können.

Die Speisequarkherstellung erfolgt aus pasteurisierter Magermilch oder auch aus Buttermilch unter Zusatz von Säuerungskulturen, die zugleich Aroma bilden und von ein wenig Lab, um den Prozeß zu beschleunigen und das Gerinnsel zu festigen.

Die Trennung von Eiweiß und Molke erfolgt mit Filtern (Säcke, Tücher, Lochbleche) oder durch Spezialzentrifugen bei etwa 25 °C. Zur Erreichung einer bestimmten Fettstufe wird Rahm untergemischt. Auch eine Haltbarmachung für einige Wochen ist durch die Thermisierung des fertigen Produkts in Spezialapparaten bei etwa 60 °C möglich.

**Der Schichtkäse** ist ein ganz ähnliches Produkt wie der Quark. Hier wird jedoch die Dickete in Formen geschöpft und bei Warmhaltung die Molke ausgeschieden. Die fertigen Quader von etwa 10 cm Seitenlänge werden in wasserundurchlässigem Papier oder in Kunststoffbechern verpackt. Beim Füllen der Formen wird zwischen 2 ungefärbten Schichten eine mittlere fettangereicherte und ge-

1

2

3

4

*Frischkäserei*
1. In riesigen Behältern wird die
Milch angesäuert und dickgelegt.
2. In drei Spezialzentrifugen
(Quarkseparatoren) wird die Molke
vom Quark getrennt.
3. Der Quark wird in von der
Maschine gefertigte Kunststoffdosen
gefüllt.
4. Luftdicht verschweißte
Quarkpackungen.

färbte Schicht eingebracht. Üblich sind Schichtkäse mit 10% Fett i. Tr. und 20% Fett i. Tr.

**Buttermilchquark** mit und ohne Rahmzusatz wird zunächst durch Erhitzung der Buttermilch auf 50 bis 60 °C gewonnen, deren Gerinnsel dann in Säcke abgefüllt und dadurch entmolkt wird.

**Frischkäse als Rahmfrischkäse** mit 50% und als Doppelrahmfrischkäse mit 60% Fett i. Tr. in 50 g, 62,5 g und mehr werden auch in Deutschland seit einiger Zeit hergestellt. Dabei ist keine Labung nötig; die Sahne wird mit Hilfe von Säuerungskulturen dickgelegt und über feine Gewebe entwässert. Danach kann noch weiterer Rahm eingearbeitet werden, bis ein Doppelrahm- oder, speziell in Frankreich, auch ein Dreifachrahm-Frischkäse entsteht. Aus dieser Grundmasse lassen sich dann auch Frischkäsedesserts herstellen, indem Schlagrahm und Dickungsmittel (Gelatine) eingearbeitet werden, bis eine kremigschaumige Konsistenz erreicht ist.

**Hüttenkäse,** eine Kopie des amerikanischen Cottage-Cheese, wird neuerdings auch bei uns hergestellt. Es handelt sich um ein grobkörniges, feuchtes, mildsaures Quarkprodukt, bei dem die Körner gewaschen und durch Benetzen mit häufig leicht gesalzenem Rahm getrennt gehalten werden können. Bei etwa 20% Trockenmasse und etwa 20% Fett i. Tr. hat der Hüttenkäse nur 2–4% Fett absolut und ist daher für Schlankheitsbewußte sehr geeignet.

Als ausländische Frischkäse sind in der Hauptsache folgende Sorten zu nennen:

Französischer Frischkäse (fromage frais); sehr verbreitet ist Suisse (auch Demi-Suisse und Petit-Suisse), ein Frischkäse zu kleinen, etwa 5 cm großen Blöcken geformt und als Double-crème mit 60% Fett i. Tr. sowie als Triplecrème mit 75% Fett i. Tr. erhältlich. Ein ganz ähnlicher Käse, aber mit weniger Fett (bis 45% F. i. Tr.), ist der Demi-Sel, also ein Frischkäse mit bis zu 2% Salz. Ein etwas gereifter und mit leichtem Schimmelüberzug versehener Frischkäse ist der Neufchâtel frais, kleine, etwa 100 g schwere Käschen in allen möglichen Formen.

Sehr bekannt ist inzwischen ein mit Kräutern oder Pfeffer verfeinerter Frischkäse, leicht gepreßt und geformt, mit dem Namen Boursin, 70% Fett i. Tr.

Zu den Frischkäsen wäre auch ein aus dem Karpatenraum stammender Käse zu rechnen, der Liptauer. Früher bestand er nur aus Schafsmilch, heute wird Kuhmilch beigemischt. Er wird zunächst leicht angereift, dann gesalzen, gemahlen und geformt. Oft wird er auch zur Mahlzeit noch durch Zumischung von Gewürzen, Kräutern, Salzfisch, Senf und anderem aufbereitet.

## Sauermilchkäse

Das Rohprodukt Sauermilchquark wird in Molkereien produziert; die Fertigprodukte daraus stellen besondere Sauermilchkäsereien her.

Das Halbfertigprodukt Sauermilchquark wird ausschließlich aus pasteurisierter Magermilch durch Milchsäuerung in Verbindung mit einer Erwärmung auf 35 bis 45 °C und unter kräftigem Rühren erzeugt. Nach Entmolkung in Säcken soll er 32% Trockenmasse haben. Dem Sauermilchquark werden dann 0,5 bis 1,0% Reifungssalze zugesetzt und später 2 bis 3% Kochsalz, evtl. mit Kümmel, beigemischt. Nach gründlichem Vermahlen wird der Käseteig geformt und einem Schwitzprozeß (20 bis 25 °C, 90% rel. Luftfeuchte, 2 bis 3 Tage) ausgesetzt. Wenn Weißschimmel gewünscht wird, wird er jetzt aufgesprüht. Nach dem Schwitzen wird der Käse mit Salzlösung und Rotschmierekultur geschmiert, um nach 3 bis 4 Tagen selbst Schmiere zu bilden und von außen nach innen zu reifen.

Es entstehen so je nach Format, Zusätzen, Schmiere oder Schimmel die Harzer-, Mainzer-, Olmützer-, Handkäse usw. oder Sauermilchkäse mit Schimmelbildung.

Eine andere Aufbereitung ist das Schmelzen zu Kochkäse. Zunächst erfolgt die Bearbeitung des Sauermilchquarks durch Vermischung mit 0,5% Reifungssalz bei 20 °C für 4 bis 6 Tage. Dann kommt das Schmelzen im Wasserbad unter Zusatz von 10 bis 15% Wasser und evtl. Rahm für 10 bis 20 Minuten bei 70 bis 75 °C. Nach Abkühlung erstarrt der Käse und wird streichfähig oder schnittfest.

## Zigerkäse (Kräuterkäse)

Unter dem Begriff Ziger versteht man Milcheiweiß, das nach Zusatz von 10 bis 15% enteiweißter, stark saurer Molke zur Magermilch bei der Erhitzung auf 80 bis 90 °C unter ständigem Rühren ausfällt. Dann wird die Molke abgelassen, der Ziger zum Ablaufen der Restmolke auf Tücher ausgebreitet und schließlich in Holzkisten eingestampft. Für 4 bis 6 Wochen wird er noch einer Milchsäure- und einer Buttersäuregärung unterzogen. Der so entstandene Rohziger wird mit 3 bis 4% Salz vermahlen, getrocknet und später mit 0,5% pulverisiertem Zigerklee (blauer Steinklee) und evtl. noch mit anderen Kräutern vermischt und zu abgestumpften Kegeln gepreßt.

Eine verfeinerte Art ist die Kräuterkäsekrem, die durch die Vermischung mit Butter entsteht (50% bis 60% Fett i. Tr.) und in Kleinpackungen verkauft wird.

## Labkäse

Die Gliederung ist an die deutsche Käse-Verordnung angelehnt. Über die Technologie der Labkäserei wurde auf Seite 10 schon gesprochen. Da die Technologien der einzelnen Käsesorten erheblich voneinander abweichen, ja sogar von Betrieb zu Betrieb verschieden sein können, ist es hier nur sinnvoll, die Grundprinzipien der Käseherstellung darzustellen.

### Hartkäse
Damit sind alle Käse gemeint, die mindestens 62% an Trockenmasse haben. Aber schon innerhalb dieser Untergruppe sind vier Hartkäsearten zu unterscheiden:
a) Hartkäse mit Lochbildung
b) Hartkäse ohne Lochbildung
c) Hartkäse nach dem Chester-Typ
d) Hartkäse nach dem Filata-Typ

Dabei sind außerdem zu unterscheiden zwischen Käse, der nur aus Rohmilch hergestellt und Käse, der aus pasteurisierter oder thermisierter Milch hergestellt wird.

**Hartkäse mit Lochbildung.** Dazu zählen der Emmentaler und der Bergkäse, sowie Greyezer, Appenzeller und in der Schweiz ein paar ähnliche Käse mit örtlicher Bedeutung. Diese alle sind Rohmilchkäse. Daneben gibt es ein paar Imitationen vom Emmentaler-Typ, die aus pasteurisierter (74 °C) oder thermisierter (60 °C) Milch hergestellt werden. Dazu zählen der Viereckhartkäse, der Tiefländer-Käse der DDR, der schwedische Herrgårdsost und der norwegische Jarlsberg.

Bei der Herstellung von Emmentaler, der als Beispiel für alle Hartkäse mit Lochbildung dienen soll, wird naturbelassene Rohmilch verkäst; etwa 1000 Liter Milch ergeben einen etwa 75 kg schweren Käse. Üblich ist seit altersher die runde Laibform mit 70 bis 90 cm Durchmesser, 20 bis 23 cm Höhe und 75 bis 100 kg Gewicht. Für das Aufschneiden in Scheibenware werden neuerdings auch viereckige Blöcke von etwa 45 kg hergestellt.

Die Milch wird zur Reinigung zentrifugiert; es wird ihr ein Teil des Milchfetts entzogen, damit eine Standardisierung auf 45% Fett i. Tr. gewährleistet ist (die Milch wird also auf 2,9% Fett eingestellt); man erwärmt sie auf 31 °C, setzt ihr Bakterienreinkulturen (etwa 1‰) zur Säuerung, späteren Reifung und zur Aroma- und Lochbildung zu und fügt schließlich der Kesselmilch das Labenzym bei. Die Dickete wird zerschnitten bis die Bruch-

körner etwa Hanfkorn- bis Reiskorngröße haben und werden durch Erwärmung bis 50 °C unter stetem Rühren gehärtet (Brennen). Dann wird der Bruch in Formen gefüllt. Der ganze Prozeß dauert gut 2 Stunden. Anschließend werden die Käse in einem Haltering (Worb) in Tücher eingeschlagen oder ohne Tuch in einer perforierten Stahlblechform gepreßt (zwischen 5 und 15 kg Pressdruck je kg Käsemasse) und mehrmals gewendet. Am nächsten Morgen nimmt man sie aus der Presse und bringt sie für 4 Tage in ein Salzbad (ca. 10 °C, 18% Speisesalz). Danach werden sie dem Salzbad entnommen, für ein paar Tage in einen 10 bis 14 °C kühlen Übergangskeller abgestellt und danach etwa 8 Wochen im Gärkeller zur Lochbildung bei 22 °C und etwa 70% rel. Feuchte gehalten. Durch Abklopfen und Probebohrungen wird diese Phase kontrolliert und beim Erreichen der erwünschten Lochgröße (kirschgroß) durch Verbringen in einen 10 bis 12 °C kühlen Lagerkeller abgebrochen. Dort werden die Käse im Alter von $2^1/_2$ Monaten durch unabhängige Prüfer getestet und in Markenware, Klasse fein, Klasse mittel klassifiziert oder zu Schmelzrohware abgewertet. Im Lager pflegt man die Käse durch wöchentliches Wenden und Waschen. Nach etwa 3 Monaten und längerer Reifezeit werden sie verkauft und schließlich verzehrt.

Die übrigen Hartkäse mit Lochbildung sind mit kleinen Abänderungen ähnlich.

**Hartkäse ohne Lochbildung.** Meist kennt man sie als Reibkäse, weil sie so hart sind, daß sie auf einer Reibe zer-

## Hartkäserei

**1.** Blick auf die 8000-Liter-Käsefertiger eines Emmentaler-Großbetriebes mit den Abfüllvorrichtungen für je 8 Laibe.

**2.** Preßraum eines Emmentaler-Großbetriebes; in jedem Zylinder befindet sich ein etwa 75 kg schwerer Käse, der automatisch gepreßt und gewendet wird.

**3.** Die Emmentaler schwimmen 3 bis 4 Tage in einem Salzbad von etwa 15% und etwa 10 °C.

**4.** In dem Zentralkeller der VKD (Vereinigte Käsereien Dürren) ist Platz für etwa 20 000 Emmentaler-Laibe.

33

kleinert werden. Es sind dies der Parmesan und seine Verwandten Grana und Pecorino aus Italien, die Schweizer Sbrinz oder Spalen-Käse und Saanenkäse oder Hobelkäse.

Der Parmesan, als typischer Vertreter seiner Gruppe, wird aus vorgereifter Rohmilch, der wie beim Emmentaler auch ein Teil des Rahms entzogen wurde, bei etwa 33 °C eingelabt. Nach einer halben Stunde etwa wird mit dem Bruchmachen begonnen und das Bruch-Molke-Gemisch später bis 55 °C unter beständigem Rühren gebrannt. Der Bruch wird vor dem Ausziehen in einem netzartigen Tuch mit Wasser abgekühlt und in Formen gefüllt. Die hohen Preßdrücke sind hier nicht üblich, dafür dauert die Preß- und Wendezeit mehrere Tage. Am 4. Tag kommen die Laibe für etwa 20 Tage in ein Salzbad (Trockensalzen gut einen Monat lang). Nach dem Abtrocknen wird die Rinde geglättet und eingeölt. Danach reifen die Käse bei 15 bis 18 °C etwa ein Jahr lang; in dieser Zeit werden die Käse öfter gereinigt und gewendet. Schließlich reifen sie noch ein weiteres Jahr bei kühleren Temperaturen um 13 °C. Danach kommen die Käse als hohe, runde Laibe mit 20 bis 40 kg Gewicht und etwa 40 cm Durchmesser in den Handel. Man kauft Stücke zum Reiben oder bereits geriebene Ware. Etwas kleiner ist der aus Schafsmilch hergestellte Pecorino. Nicht ganz so hart und mit mehr Aroma fabrizieren die Schweizer den Sbrinz und ihren Hobelkäse oder Saanenkäse.

**Hartkäse nach dem Chester-Typ.** Chester und Cheddar sind zwei Bezeichnungen für das gleiche Produkt, einen Hartkäse, der im Bruch grob geschnitzelt (cheddaring) und zugleich gesalzen wird. Verwendet wird pasteurisierte Milch mit etwa 3,0% Fett. Der erbsengroße Bruch wird in der Molke auf 40 °C nachgewärmt und dann am Wannenboden zu einem Bruchkuchen zusammengeschoben. Ist die Molke abgelaufen, wird der Bruchkuchen zu Blöcken zerschnitten und diese geschnitzelt und gesalzen. Die Schnitzel kommen in Formen und werden zu Käsen zusammengepreßt. Nach dem Trocknen der Käse werden diese paraffiniert und etwa 2 bis 3 Monate bei kühlen Temperaturen unter 13 °C gereift.

Es gibt in England und Nordamerika eine Anzahl ähnlicher, nicht ganz so harter Varianten. Besonders erwähnenswert ist der mit grünlich-blauen Schimmelkulturen hergestellte Stilton.

**Hartkäse nach dem Filata-Typ.** Es sind die ursprünglich in Italien heimischen Provolone, Caciocavallo, Parenica und Kaschkaval und, mit Vorbehalt, weil es kein Hartkäse ist, die Mozarella. Die Besonderheit dieser Käse ist die Bruchbehandlung durch Kneten in heißem Wasser, wodurch eine fädige (filata) Struktur entsteht.

Provolone wird aus Rohmilch hergestellt, der ein besonderes Lab zugesetzt wird. Der etwa bis Haselnußgröße bearbeitete Bruch wird auf 45 °C nachgewärmt, absitzen gelassen, am Wannenboden zusammengeschoben und leicht gepreßt. Dann wird der Bruchkuchen in Fladen geschnitten und diese für ein paar Stunden auf Lattengestellen weiter säuern gelassen. Die Fladen werden zerkleinert und in Wasser von etwa 90 °C verkne-

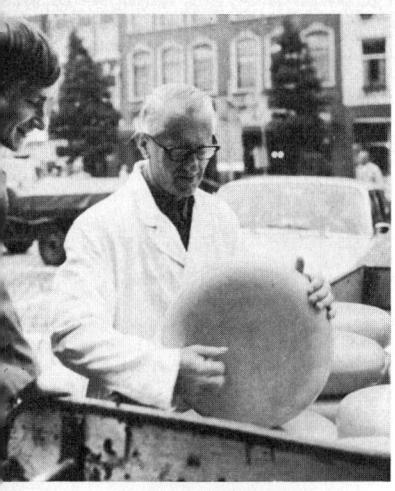

### Experten prüfen und klassifizieren

Wenn die großformatigen Käse nach ihrer Reifezeit fertig sind, müssen sie von Spezialisten getestet und beurteilt werden. Dafür genügt die chemische Untersuchung auf Fett und Trockenmasse nicht, denn Geruch, Geschmack, Aussehen innen und außen, Konsistenz, Lochung, Teigbeschaffenheit und anderes lassen sich nur mit sensorischen Prüfungen erfassen. So wird auf dem oberen Bild der holländische Gouda mit den Fingerknöcheln beklopft, um den Ton zu erfassen, den der Teig und die Löcher hervorbringen. Die großen Käse vom Emmentaler-Typ werden mit dem zu einem Holzhämmerchen gestalteten Griff des Käsebohrers beklopft. Mit Hilfe der unterschiedlichen Schallqualitäten lassen sich Löcher und Risse sicher feststellen. Angestochen werden die Käse mit einem Bohrer aus Stahlblech in der Form einer konischen, seitlich offenen Hülse, der nach dem Anstechen des Käselaibes und einer Drehung einen Böhrling von etwa Fingerstärke aus dem Loch freigibt. Der Böhrling wird nach Aussehen, Geruch, Geschmack und Konsistenz geprüft und das Randstück zum Wiederverschließen des Bohrloches benutzt.

Schließlich wird das Urteil – wie Bild unten zeigt – unverwischbar in die harte Rinde des Käses eingeritzt.

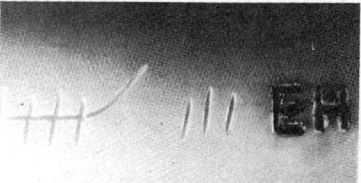

tet und in Strangform aufgewickelt. Nach einem zweiten Wasserbad von 70 bis 80 °C erhalten die Käse dann die endgültige Kugel- oder Walzenform und kommen ins Salzbad. Nach Wochen bis Monaten werden sie in Paraffin getaucht, in Netze oder Schnüre gebunden und kommen in den Handel.

## Schnittkäse

Je nach Trockenmasse unterscheidet man in Deutschland Schnittkäse (fest) mit etwa 55% Trockenmasse und halbfeste Schnittkäse um etwa 50% Trockenmasse. Zur ersten Gruppe gehören Gouda, Edamer, Tilsiter, Wilstermarschkäse und ähnliche; zur zweiten Gruppe zählen Steinbuscher, Edelpilzkäse, Butterkäse, Weißlacker usw. Die Vielfalt der Schnittkäse ist überall sehr groß. Man unterscheidet gepreßte und ungepreßte Schnittkäse. Die gepreßten Käse bekommen wenige, meist runde Löcher, die ungepreßten behalten ihre von Anfang an vorhandenen geschlitzten Bruchlöcher.

**Gepreßte Schnittkäse.** Gouda (45% Fett i. Tr.) wird folgendermaßen hergestellt: Erhitzung der Milch auf 71 bis 74 °C, Fettgehalt einstellen auf 3,1%, Einlabungstemperatur 28 bis 32 °C, Säuerungskultur 0,15 bis 0,5%, flüssiges Lab auf 1000 l Milch etwa 100 ml, Dickungszeit etwa 40 Minuten, erstes Bruchmachen bis Walnußgröße, etwa 10% Molkenabzug, zweites Bruchmachen bis Erbsengröße, zweiter Molkenabzug bis etwa 40% der Kesselmilchmenge, drittes Bruchmachen bis Roggenkorngröße, Zugabe von etwa 10% Wasser von 32 °C

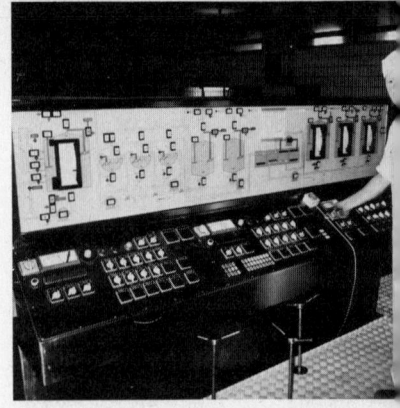

1

4

und vorsichtiges Nachwärmen bis etwa 40 °C oder gleich Zugabe von Wasser mit 65 bis 70 °C zum Zwecke des Bruchwaschens, Bruchhärtens und Bruchkornzerkleinerns auf Hirsekorngröße, dritter Molkenabzug bis 60% der Ausgangsmenge, Aufschieben des Bruches in der Wanne, etwa 20 Minuten Vorpressen, Portionieren und in Formen füllen, 3 bis 5 Stunden,

2

3

5

6

*Schnittkäserei*

1. Schaltwarte einer großen Tilsiter-Käserei in Südwürttemberg.

2. Blick auf die Bruchschneide- und Rührwerkzeuge im 10 000-Liter-Käsefertiger der Tilsiter-Käserei.

3. Der Oberkäser prüft den »Griff«, also die Konsistenz des von ihm bearbeiteten Bruches für Tilsiter.

4. Der fertige Bruch wird mit Hilfe einer Bruchpumpe und eines Verteilers in die Blockformen gefüllt; es wird nur noch die gleichmäßige Füllung kontrolliert.

5. Mit einem elektrischen Kran wird ein ganzer Stapel Tilsiter-Blockware ins Salzbad versenkt.

6. In den Reifungskellern werden die Tilsiter dauernd kontrolliert und behandelt.

Hauptpreßzeit bei etwa 6 bis 8 kg pro kg Käse und 17 bis 18 °C im Preßraum. Später werden die Käse für 3 bis 5 Tage in ein 22%iges Salzbad eingelegt. Die Ausbeute beträgt etwa 9 kg auf 100 kg Kesselmilch. Bei 14 bis 16 °C und 85% rel. Luftfeuchtigkeit werden die Käse etwa 2¹/₂ bis 3 Monate gereift und dabei etwa 3mal pro Woche gewendet und mehrmals mit Bürsten abgewaschen. Nach der Reifung werden sie noch 2 bis 3 Monate bei 5 bis 10 °C gelagert, aber vorher eingeölt, gewachst oder mit einer dünnen Kunststoffschicht überzogen.

Die Edamerherstellung ist ähnlich, man verwendet aber mehr Säuerungskultur; der gesamte Vorgang bis zu der ebenfalls nur etwa 4 Wochen dauernden Reifungszeit ist kürzer.

**Ungepreßte Schnittkäse.** Ein typischer Vertreter der ungepreßten Schnittkäse ist der Tilsiter: Erhitzung der Rohmilch auf 71 bis 73 °C, Fettgehalt der Kesselmilch einstellen auf 3,05%, Säuerungskulturzugaben von 0,5 bis 0,7%, evtl. Sicherungszusätze von Kalziumchlorid 20 g/100 l und/oder Natronsalpeter 20 g/100 g Milch, flüssiges Lab etwa 100 ml/1000 l Kesselmilch, Einlabtemperatur 31 bis 33 °C, Dickungszeit etwa 40 Minuten, etwa 20 Minuten Bruchmachen bis Erbsengröße, Molkenabzug etwa 10%, Bruchbearbeiten etwa 20 Minuten, Nachwärmen des Bruch-Molke-Gemisches auf 39 bis 41 °C über 20 bis 30 Minuten, Bruchbearbeiten 15 bis 20 Minuten und weitere etwa 60% Molke abziehen, evtl. Salzen im Bruch mit ungefähr 2 bis 3 kg Salz/1000 l Kesselmilch, Abfüllen in Formen aus perforiertem Blech ohne Boden, 4- bis

9mal wenden und dabei heißes Wasser von etwa 80 °C darübergießen, Salzbad von 18 bis 20% für 40 bis 48 Stunden, reifen bei etwa 15 °C und 90 bis 95% rel. Luftfeuchte, öfter wenden und über 5 bis 8 Wochen schmieren. Ausbeute 9 bis 10 kg/100 l Kesselmilch.

Die halbfesten Schnittkäse werden mit weniger (0,3 bis 0,5%) Säuerungskultur gekäst, der Bruch wird größer gelassen (Walnußgröße), nachgewärmt wird nur bis 36 oder 37 °C, Salzbad etwa 24 Stunden, Reifungszeit 4 bis 5 Wochen, Ausbeute 10,2 bis 10,7 kg/100 l Milch.

Die Übersichten zeigen, daß Schnittkäse mit verhältnismäßig kleinem Bruch gekäst werden, daß sie auf 35 bis 42 °C nachgewärmt werden, daß sie gepreßt oder nur nachgewärmt oder nur gepreßt werden.

**Sondergruppe der Schnittkäse.** Außerdem gibt es aber noch eine ganz besondere Gruppe, das sind die Edelpilzkäse, die Butterkäse und der Weißlacker.

Der deutsche Edelpilzkäse (50% Fett i. Tr.) wird aus pasteurisierter Milch mit 3,6% Fett hergestellt mit 0,2 bis 0,5% Säuerungskultur, einer aus Erfahrung bemessenen Menge Edelschimmel (Penicillium roqueforti), 100 ml/1000 l flüssiges Lab, bei 28 bis 29 °C Einlabtemperatur, 60 Minuten Dickungszeit, Schneiden der Dickete auf Würfel mit 1 cm Kantenlänge, 2 bis 3 Pausen von 20 bis 30 Minuten zum Kernen des Bruches und jeweiligem Umschichten mit der Schaufel, das ganze Käsungsprogramm dauert bis zu 3 Stunden. Dann wird der Bruch in Siebkästen gefüllt und ent-

**In einem Danablu-Keller werden die Käse von beiden Seiten mit Hilfe einer Maschine »pikiert«, also mit Nadeln gestochen, damit der Innenschimmel Luft bekommt.**

molkt, später in Formringe eingefüllt, auf Matten gestellt und bei 24 bis 26 °C Raumtemperatur 4- bis 6mal gewendet. Später wird entweder 3mal von Hand gesalzen, oder die Käse werden für 48 Stunden in ein auf 11 bis 15 °C gekühltes Salzbad mit 20% Salz gebracht. Nach dem Abtropfen werden die Käse von beiden Seiten mit 2 mm starken Nadeln pikiert, um Luftlöcher für das Schimmelwachstum

zu schaffen und bei 8 °C und etwa 97% rel. Luftfeuchte 6 bis 7 Wochen gereift.

Der Butterkäse (50% Fett i. Tr.) entsteht in einer Art »Geschwind«-Käserei: Pasteurisierte Milch mit 3,6% Fett wird mit 2 bis 4% Säuerungskultur und etwa 500 ml/1000 l Milch flüssigem Lab versetzt und bei 40 bis 42 °C Einlabtemperatur verkäst. Die Gerinnungszeit beträgt nur 2 bis 3 Minuten (!), die Dickungszeit 8 bis 10 Minuten, das Bruchkorn soll Walnußgröße haben bei 10 bis 15 Minuten Bruchbearbeitung. Nach 18 bis 25 Minuten wird in Formen abgefüllt, die in geheizten (40 °C) und abgedeckten Tischen stehen. Nach 3- bis 4maligem Wenden innerhalb von 3 bis 4 Stunden werden nach Entfernen der Formen und Matten die Tische mit 18 bis 20 °C warmem Salzwasser für 10 bis 12 Stunden gefüllt. Danach sollen die Käse für 6 bis 8 Wochen bei etwa 96% rel. Luftfeuchte bei nur 3 bis 5 °C reifen.

Der Weißlacker oder Bierkäse ist eine Allgäuer Spezialität. Es wird ganz langsam gekäst, der Prozeß dauert 3 bis 3½ Stunden. Der fertige Bruch soll Eigröße haben, wird in Spanntische abgefüllt, und wenn die Abtropfmolke einen bestimmten Säuregrad hat, wird der Käse mit kaltem Wasser abgeschreckt und dann kalt gelagert. Er wird zuerst im Salzbad und später mit Trockensalz auch noch während der Reifung behandelt, damit der fertige Käse 6 bis 7% Salz enthält. Nach 6 bis 8 Monaten wird der Käse verpackt und verkauft; er kann weit mehr als ein Jahr alt werden.

# Weichkäse

Ihre zwischen 35% und 52% liegende Trockenmasse bedingt ihre weiche Konsistenz und so auch ihren Namen. Die von außen nach innen fortschreitende Reifung erreichen diese Käse ziemlich schnell. Man unterscheidet Weichkäse mit Schmierebildung und Weichkäse mit Schimmelbildung. Auch Kombinationen sind möglich. Stellvertretend für die Weichkäse mit Schmiere soll die Herstellung von Limburger Käse beschrieben werden. Für einen Käse mit 45% Fett i. Tr. ist pasteurisierte Milch mit 2,9% Fett nötig, etwa 1,5% Säuerungskultur, etwa 20 ml flüssiges Lab auf 100 l Kesselmilch und eine Einlabtemperatur von 30 bis 33 °C. Vor dem Schneiden der Dickete wird verschöpft (Abheben der oberen 1 bis 2 cm mit einer flachen Schaufel und dachziegelartige Schichtung zum Temperatur- und Fettausgleich). Bruchmachen bis etwa Walnußgröße (magere Käse größer, fette Käse kleiner), Beginn etwa nach 45 bis 60 Minuten, Ende etwa nach weiteren 50 bis 60 Minuten. Hat der Bruch die nötige Festigkeit erreicht, wird ein Teil der Molke abgezogen und der Bruch in Formen geschöpft oder auf einen hölzernen Spanntisch geleert. Nach dem Schneiden auf das »Backstein«-Format (»Backstein-Käse«) wird mit dem Wenden der Käse begonnen (6- bis 7mal in etwa 20 Stunden). Danach wird trocken gesalzen (2- bis 3mal) oder die Käse für 24 Stunden in ein Salzbad von 18% gebracht. Nach dem Abtropfen des Salzwassers werden die Käse nebeneinander auf Bretter im Keller gestellt, öfter gewendet und nach ein paar Tagen die

*Weichkäserei*
**1.** In den Einzelgefäßen einer Weichkäserei wird die Milch dickgelegt und der Bruch bis zum Abfüllen bearbeitet.
**2.** Ein Stockwerk tiefer stehen die Abfüllanlagen, die auf der linken Linie Romadur portionieren und auf der rechten Linie aus anderem Bruch Camembert-Käse formen.
**3.** Im Reifungsraum sind die Camembert-Käse fast fertig zum Verpacken, was meist am 10. Tag nach der Herstellung erfolgt.
**4.** Eine Auswahl deutscher Weichkäse mit Außenschimmel und Innenschimmel.

sich erst bildende weißliche Schmiere verstrichen. Nach 5 bis 10 Tagen beginnt die Schmiere dann leicht rötlichbräunlich zu werden. In einem kühleren Keller (10 bis 14 °C) werden sie weiter behandelt (mit Salzwasser geschmiert) und bis zur Verpackung gelagert.

Die Herstellung von Weichkäse mit Schimmelbildung ist ganz ähnlich; die Schimmelkultur wird der Kesselmilch zugesetzt; nach dem Salzbad (18%) für 1 bis 2 Stunden, je nach Größe, kommen die Käse für die ersten 2 bis 3 Tage in einen trockeneren Raum (75% rel. Luftfeuchte und 18 °C), damit der Schimmel gut anwächst und dann etwa 8 bis 10 Tage in einen feuchten, kühleren Reifungskeller (85% rel. Luftfeuchte bei 15 °C). In den Kellern wird häufig gewendet, damit die Käse von allen Seiten gleichmäßig Schimmelrasen bekommen.

Die Camembert-Käse werden nach etwa 10 Tagen verpackt und reifen

1

2

3

4

über etwa weitere 20 Tage voll durch. Sie haben einen reinweißen Schimmelüberzug (Penicillium candidum), die Blauschimmelkäse (Penicillium roqueforti) haben Außen- und Innenschimmel.

## Salzlakenkäse

Im Mittelmeerraum, im Nahen Osten und auf dem Balkan sind Käse sehr verbreitet, die einen Salzgehalt zwischen 4% und 10% haben können. Es sind Weichkäse, die über Monate hin in geschlossenen Gefäßen aus Blech, Holz oder Plastik langsam heranreifen. Ursprünglich waren es weiße Schafsmilchkäse, da aber die Schafsmilch für den heutigen Bevölkerungszuwachs längst nicht mehr reicht, wird Schafs-, Ziegen- und Kuhmilch gemischt oder nur Kuhmilch verwendet. In der Bundesrepublik werden diese Käse inzwischen auch hergestellt und sogar in die Ursprungsländer exportiert.

Der bei uns bekannteste Käse ist der griechische oder jugoslawische Feta. Nach etwa 4 Wochen kühler Lagerung (10 °C) und Reifung in Salzlake von 16% ist der Käse ohne Rinde fertig zum Verzehr. Er kann aber, eingeschlossen in der Salzlake, viele Monate alt werden.

## Schmelzkäse

Darunter versteht man ein Produkt, das aus der Weiterverarbeitung von Labkäsen und zugelassenen Hilfs- und Zusatzstoffen unter Einwirkung von Wärme entsteht. Schmelzkäsezubereitungen haben außerdem noch Zusätze von Gewürzen, Fleischwaren oder anderen Lebensmitteln.

Die Schmelzkäse sind durch ihren Herstellungsprozeß als Konserven zu betrachten und daher auch lange haltbar. Als Ausgangssubstanz sind grundsätzlich alle Labkäsesorten, zusätzlich auch Speisequark und Sauermilchkäse verwendbar; die besten Schmelzeigenschaften haben Hart- und Schnittkäse, vor allem Chesterkäse.

Der Produktionsgang umfaßt das Aufweichen und Reinigen der Rinde oder das mechanische Entrinden; es folgt die Zerkleinerung der Käse und das Zusammenstellen der Schmelzpartien. Soll der fertige Schmelzkäse nach einer bestimmten Käsesorte benannt werden, dann muß er mindestens 75% dieser Sorte enthalten. Der Reifegrad der Rohware ist für den Schmelzvorgang und die Trockenmasse und der Fettgehalt für die gesetzlichen Bestimmungen beim Endprodukt zu beachten. Die Wasserzusatzmenge ist ebenfalls vorauszuberechnen und ist außerdem ein Erfahrungswert aus Kondensatmenge, Dampfdruck, Temperatur, Erhitzungsdauer, Menge und Wassergehalt der Rohschmelzware.

Der Zusatz von Schmelzsalzen (bis 3,5%) soll die Inhaltsstoffe dispergieren und eine stabile Schmelzkäseemulsion schaffen sowie den gewünschten pH-Wert einstellen. Es werden Zitrate und Phosphate angewendet; außerdem sind Wein- und Zitronensäure, Speisesalz, Käsefarbe und Wasser zugelassen.

Als weitere Zusatzstoffe für bestimmte Eigenschaften sind Butter, Butterschmalz, Rahm, Milchzucker, Molkenpaste, Molkenpulver, Molkeneiweiß, Gewürze wie Paprika, Kümmel, Pfeffer usw., Schinken und Salami, Kakaoerzeugnisse, Nüsse, Zucker und Wein möglich.

Geschmolzen wird in einer Maschine in kippbaren, doppelwandigen, verschließbaren, dampfbeheizten Kesseln mit Spezialrührwerk bis zu einer Tem-

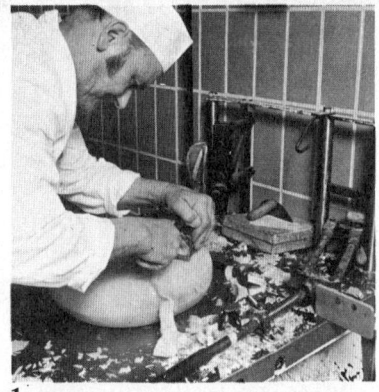

**1**

**2**

**3**

**4**

peratur von 85 bis 95 °C und mehr für 4 bis 15 Minuten, je nach erwünschter Streichfähigkeit. Die Schmelzmasse wird heiß in Packungen aus Alufolie oder Blechgefäße abgefüllt und luftdicht verschlossen. Für die Produktion von Scheibenware wird die heiße Schmelzmasse zu Bändern ausgewalzt und zugleich gekühlt, anschließend portioniert und luftdicht in Folien verpackt.

*Schmelzkäserei*
**1. Ein Gouda wird entrindet, um ihn später für den Schmelzvorgang zu zerschnitzeln.**
**2. Blick in den hochautomatisierten Raum, in dem die Rohkäse-mischungen hergerichtet werden.**
**3. Nach dem Schmelzvorgang, der etwa 4 Minuten dauert, fließt die fertige Schmelzkäse-Zubereitung aus den Schmelzmaschinen.**
**4. Die Vielfalt der Schmelzkäsesorten ist groß.**

# Die modernen Großkäsereien

In den Ländern mit besonders hoher Milchproduktion sind in den letzten Jahren auch auf dem Gebiet der Käseherstellung einige bedeutende Großbetriebe entstanden, die bis zu einigen 100 000 kg Milch pro Tag verarbeiten. Als Beispiele seien vorgestellt ein Emmentaler-Großbetrieb (Seite 33) eine Tilsiterkäserei (Seite 37) und eine vollmechanisierte Camembert-Käserei (Seite 41), sowie ein Frischkäsebetrieb (Seite 29) und eine Schmelzkäserei.

Es ist einzusehen, daß bei solchen Riesenmilchmengen die zu verarbeitende Milch weitgehend standardisiert sein muß, um gleichbleibend gut, hygienisch und wirtschaftlich arbeiten zu können. Die Originalität und Individualität aus früheren »Ein-Mann-Betrieben«, wie sie z. B. in jedem Dorf im Allgäu üblich waren, gingen in den letzten Jahren immer mehr verloren.

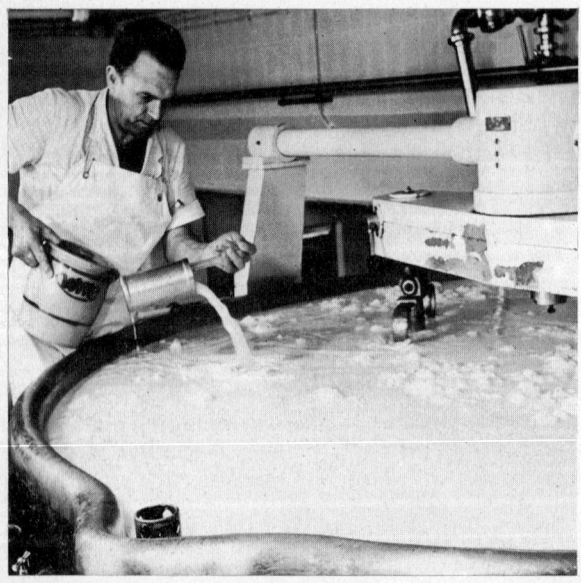

1

2

5

3

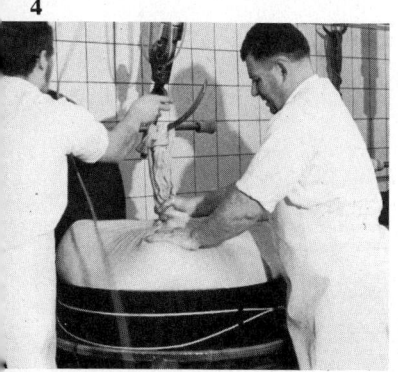

4

**Konventioneller Kleinbetrieb**
**1.** Der Emmentaler-Kesselmilch werden Bakterienkulturen zugesetzt und gut untergerührt.
**2.** Nach Gerinnung der Milch und einer Ausdickungszeit beginnt das Bruchmachen durch Schneiden mit einer »Harfe«.
**3.** Der fertige Bruch wird mit einem »Fischtuch« aus der Molke gehoben.
**4.** Mit Hilfe eines Flaschenzuges legt man den herausgefischten Bruch in eine Form (Worb).
**5.** In dem Worb wird der Käse zwischen zwei Deckeln gepreßt.
**6.** Die Emmentaler-Laibe müssen im Keller gewendet und ihre Rinde gepflegt werden.

6

# Die traditionellen Kleinkäsereien

Traditionell erzeugter Käse wird seit langem entweder für den Eigenverbrauch hergestellt oder in kleinem Umfang verkauft. Solche Käse sind weltweit verbreitet. Das Gemischtwarengeschäft in einem griechischen Bergdorf macht seinen »Feta« und »Mitzithra« aus der Milch von den paar eigenen Schafen, die an den Berghängen grasen. Einen Teil von diesem Käse wird der Eigentümer selbst verzehren, einen Teil verkauft er an seine Kunden.

Käse vom Bauern, gleich ob Quark, Brie oder Gouda, schmeckt von Hof zu Hof verschieden. Ein erfahrener Gaumen kann bestimmen, von welcher Gegend oder von welchem Hof ein Käse stammt. Wenn nämlich nur die Milch von einem ganz bestimmten Kleinbauern verwendet wird, spürt man die besondere Geschmacksnote von Gräsern, Kräutern und Wasser, die für sein Stück Land typisch sind. Käse kann sogar von Tag zu Tag verschieden sein, wenn ein Bauernhof groß genug ist, daß die Kühe jeden Tag auf einer anderen Weide grasen. Und die Qualität wechselt natürlich auch.

In Frankreich werden die kommerziell am stärksten vertretenen Käsesorten immer noch, außer in Fabriken, auf Höfen hergestellt. Das sind die hochbezahlten »Fermiers«, stets teurer als Fabrikkäse, immer etwas wild aussehend und immer aus roher Milch hergestellt. Zur Erhaltung der Tradition garantieren viele Bauern sogar, daß die Milch von Weiden kommt, die niemals künstlich gedüngt wurden, also wahrhaftig Käse »wie aus alten Zeiten« – wahrscheinlich sogar besser, wenn man in Betracht zieht, daß die Hygiene verbessert wurde. Bis vor kurzem wurde sogar solch weltweit verbreiteter Käse wie Roquefort noch immer in »Heimproduktion« hergestellt. Die frischen, noch weißen Käse wurden zu Hause gemacht und dann in die Gemeinschaftshöhlen von Combalou zum »Bläuen« und Reifen gebracht. Steigende Nachfrage machte dieses Verfahren unwirtschaftlich und heute werden die Larzac- (Lacaune) Schafe zentral und mit der Melkmaschine gemolken.

Die Ziegenkäseherstellung widerstand weitgehend den Verführungen der Mechanisierung. Deshalb sind in Frankreich diese Käse relativ teuer und knapp. In den Ländern des Mittleren Ostens und in Afrika ist Ziegenkäse von großer volkswirtschaftlicher Bedeutung; er ist im allgemeinen zum raschen Verzehr gedacht und wird aus der Milch von familieneigenen Tieren hergestellt.

Man muß sie zwar suchen, aber man kann heute noch traditionelle Käseherstellung in den meisten europäischen Ländern finden. Die Suche nach alten Kleinbetrieben wäre besonders in Holland leicht, wo man als volkstümliche Sehenswürdigkeit den Touristen zeigt, wie flacher, runder Gouda in alten Käseküchen, die an alte hölzerne Bauernhäuser angebaut sind, hergestellt wird. Klima, Mangel an Transportgelegenheiten und die Kosten der Kühlung stellen das Überleben von traditionellen Bauern- und Hofkäsereien in heißeren und weniger entwickelten Ländern sicher. Es ist traurig, beobachten zu müssen, wie in den sogenannten entwickelten Ländern von Nordwest-Europa dieses Handwerk langsam ausstirbt.

**In einer englischen Bauernkäserei ist auch schon die Technik eingezogen: Zum »cheddaring« steht eine elektrische Käseschnitzelmaschine zur Verfügung.**

**Der gepreßte Käse wird mit Schmalz eingerieben, damit er nicht zu schnell austrocknet und in Tücher gewickelt, um ihn in seiner Form zu halten.**

# Die »hausgemachten« Käse

Alle Wunschträume, wie eigenen Käse machen, werden durch zwei Tatsachen in Frage gestellt: Erstens ist alles nicht so einfach, wie man sich das denkt, und zweitens ist es meistens teurer, Käse selbst herzustellen als ihn zu kaufen, außer man hat eigenes Milchvieh. Alle Umstände, wie die Jahreszeit, die Raumtemperatur und Raumfeuchtigkeit, die Art der Milch, die die Kuh gibt, werden Ihre Käseherstellung beeinflussen. Aber wenn Sie ein einziges Mal erfolgreich einen guten Käse gemacht haben, sind Sie auf dem richtigen Weg.

Jedoch so etwas wie das »allerbeste« Käse-Rezept gibt es nicht. Der Amateur-»Käsebastler« wird jeden Tag andere Ergebnisse bekommen. Die Erfahrung wird Sie lehren, wie man ausgleicht und anpaßt, so daß – selbst wenn die Methode sich ändert – das Resultat beinahe gleich bleibt.

Der Anfänger beginnt am besten mit Frischkäse. Dabei haben Sie einen höheren Ertrag pro Milchmenge, alles ist relativ einfach und man braucht keine teure Ausrüstung. Hygiene ist von großer Bedeutung. Beinahe alle Frischkäse werden frisch gegessen und sind damit nicht anfällig gegen Verderben und Fäulnis. Weichkäse, die länger als eine Woche zum Reifen brauchen, müssen sehr sauber verarbeitet werden. Wählen Sie für Ihre ersten Versuche Käsesorten, die mit kleinen Milchmengen gemacht werden können.

## Grundsätzliches zur Hauskäserei

Für die Käsebereitung ist nötig:

**Milch.** Zu jeder Jahreszeit läßt sich Rohmilch verkäsen. In Bezug auf den Geschmack ist die pasteurisierte Milch trotz Wechsel der Jahreszeiten immer relativ gleich; in jedem Fall muß man eine Starterkultur, beispielsweise Sauer- oder Buttermilch, zusetzen, um wieder säure- und geschmacksbildende Bakterien zur Verfügung zu haben. Wenn Sie rohe Kuhmilch verwenden, müssen Sie aber zunächst sicher sein, daß die Herde garantiert tuberkulose- und brucellosefrei ist. Zusätzlich muß stets gewährleistet sein, daß keine der gemolkenen Kühe während der letzten drei oder vier Tage Antibiotika ins Euter appliziert erhalten hat, weil diese die Bakterien in der Milch hemmen.

Schafmilch und Ziegenmilch muß normalerweise nicht pasteurisiert werden. Dies sollte jedoch wegen lokal unterschiedlicher Gesetzgebung stets auch

**In einem ländlichen Haushalt in England: Hausgebackenes Brot und selbstgemachte Butter sowie Kräuter und Grünzeug aus dem Garten sind die besten Ergänzungen für die selbstfabrizierten Käse. Nötiges Zubehör für die Weichkäseherstellung sind die Formen und für die zwei Hartkäse im Hintergrund eine einfache Presse.**

mit den jeweiligen Landeszuchtverbänden besprochen werden.

Milch mit einem hohen Fettgehalt ergibt einen fetteren Käse, aber dieser ist schwieriger herzustellen. Solche Milch braucht mehr Lab und höhere Temperaturen. Von größter Wichtigkeit ist das Verständnis dafür, daß Pasteurisieren alle harmlosen, Milchsäure produzierenden Bakterien abtötet. Wenn also erhitzte Milch sauer wird, heißt das, sie ist verdorben. Pasteurisierte Milch, die zu gerinnen beginnt, soll man nicht mehr für die Käseherstellung benutzen, selbst wenn sie noch sehr süß schmeckt.

## Käse-Starterkulturen (Säurewecker).

Ein Käserei-Säurewecker ist sterilisierte Milch mit einer ganz bestimmten, ausgesuchten Bakterienflora als Ersatz für die Bakterien, die durch die Pasteurisierung abgetötet wurden. Obwohl Käsereifung von verschiedenen Bakterien bestimmt wird, stammen solche Eigenschaften wie Geschmack, Aroma und sogar die Löcher von den Bakterien, die Milchsäure machen und sind damit von größter Wichtigkeit für den Hauskäse-Erzeuger.

Handelsübliche Starterkulturen sind recht teuer und nicht so ohne weiteres zugänglich. Aber wenn Sie Käseherstellung wie ein Professioneller betreiben wollen, dann schreiben Sie einem der Hersteller, die im Anhang dieses Buches aufgeführt sind. Erwähnen Sie dabei die Sorte und die Käsemenge, die Sie machen wollen. Wenn Sie bestellen, wird Ihnen der Hersteller auf Wunsch auch Instruktionen für die Anwendung mitliefern. Er wird vermutlich, auf Ihre Wünsche eingehend,

eine eigens Ihren Bedürfnissen entsprechende Mischung zusammenstellen. Aber es gibt einen einfacheren Weg für den Anfänger: Buttermilch benutzen, die schon ihre eigene Kultur hat. Buttermilch gibt es überall, sie ist billig und mit ihr bekommt man ausgezeichnete Ergebnisse. Buttermilch fällt als Nebenprodukt bei der Butterherstellung aus Rahm an, dem eine Kultur von Bakterien beigegeben wurde. Diese Bakterien sind denen von käuflichen Säureweckern sehr ähnlich.

**Lab.** Sie müssen, außer für Frischkäse, für die meisten Sorten richtiges Käselab nehmen. Bewahren Sie das flüssige Lab im Kühlschrank auf, dann wird es in einem Jahr höchstens 10% seiner Stärke verlieren.

Lab hat hauptsächlich zwei Funktionen: Es kann frische Milch ohne Säuerung zum Gerinnen bringen und so einen süßen Bruch erzeugen und bei Käse, der von gesäuerter Milch gemacht wird, die Verfestigung der Käsemasse beschleunigen, ohne jedoch die Säuerung zu verändern. Kleinere Gaben von Lab bewirken einen weichen, wasserreichen Bruchkuchen, indem die Geschwindigkeit beeinflußt wird, mit der die Molke abfließt, was wiederum die Struktur und den Geschmack des Käses mitbestimmt. Bezugsquellen für Lab siehe Seite 120.

**Salz.** Es verbessert den Geschmack des Käses und macht ihn durch die Bildung einer Rinde haltbar. Ganz gewöhnliches Haushaltssalz ist richtig, Salz mit Jod ist nicht zu empfehlen.

**Schmalz.** Gutes, reines Schweineschmalz kann verwendet werden, um Hartkäse und Preßkäse zu beschichten. Das Schmalz versiegelt den Käse während der Reifung und sichert ihn vor dem Eintrocknen.

**Selbstvertrauen.** Ein guter Koch wurde einmal als jemand definiert, der Fehler verstecken kann. Beim Käse-Selbermachen kann man nicht viele Fehler verstecken, aber man kann sie als künstlerische Freiheit tarnen: Denn solange Ihre hygienische Vorsorge verläßlich ist, wird Ihr Erzeugnis eßbar sein, und das nächste Mal werden Sie alles besser machen. Ihre ersten Käse mögen nicht gerade das

**Geräte für die Herstellung hausgemachter Weichkäse: Im Hintergrund ein großer Eimer aus Kunststoff und eine runde Schüssel aus Stahl, dazwischen eine Wanne zum Auffangen der Molke, angelehnt daran Raumthermometer und Schöpfkelle, links daneben eine Doppel-Käseform, rechts ein Sieb und eine Metallform ohne Boden mit großen Löchern, davor eine viereckige Kleinform, aus einer Teebüchse hergestellt, auf dem Holzbrett ein langes Messer, davor ein Thermometer zum Eintauchen in die Milch, darunter eine Strohmatte, links davon Meßlöffel, Meßbecher und ein Käsetuch.**

sein, was Sie sich vorgestellt haben. Aber erzählen Sie niemals anderen von Ihren Mißerfolgen.

## Ausrüstung und Geräte

Eine gute Ausrüstung garantiert auch einigermaßen gute Ergebnisse. Andererseits kommt es auch manchmal gelegen, wenn man seine Geräte dafür verantwortlich machen kann, wenn einmal etwas schiefgegangen ist.

**Thermometer.** Im Idealfall benutzt man ein schwimmendes Milchthermometer, sonst tut es auch ein Kochthermometer, aber das muß man halten, was ermüdend sein kann. Auch ein Raumthermometer ist wichtig, denn die Umgebungstemperatur hat wirklich einen bedeutenden Einfluß auf das Ergebnis.

**Meßbehälter.** Diese sollten aus Glas oder rostfreiem Stahl sein. Plastikmeßkrüge nehmen Gerüche an und wenn sie angekratzt sind, ist es schwierig, sie keimfrei zu machen.

**Mischwannen oder Käsekessel.** Die Größe dieser Mischwannen zum Ansetzen der Kesselmilch hängt von der Milchmenge und Ihrem Geldbeutel ab. Sogar kleine Weichkäse brauchen eine Mindestmenge Milch: 4,5 bis 9 Liter sind übliche Anfangsgrößen. Ein Eimer oder zwei mögen notfalls dafür ausreichen. Benutzen Sie in jedem Fall nur Gefäße aus rostfreiem Stahl oder Kupfer. Emailliertes Gerät ohne Fehlstellen ist auch gut.

**Wasserbad.** Milch erwärmt man am besten indirekt. Die Temperatur, bei der Sie die meiste Milch einlaben, ist niedrig und kann einfach dadurch erreicht werden, daß Sie Ihr Gefäß oder Ihren Eimer in das Küchenwaschbekken, das mit heißem Wasser gefüllt ist, stellen und dann rühren. Für höhere

**1. Fingerprobe.** Dabei sollte die dickgelegte Milch über den schräg eingetauchten Finger brechen, dies zeigt den Beginn des Bruchschneidens.

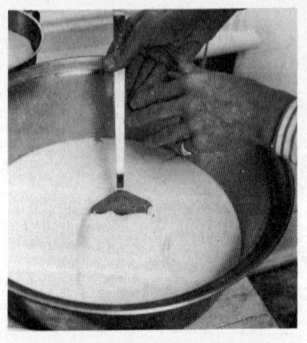

**4. Ein mit der Form »vorgezeichneter« Deckel wird herausgehoben und zur Seite getan.**

Temperaturen wird Milch in einem Eimer oder einer Schüssel direkt auf dem Herd langsam angewärmt, sollte aber dabei durch eine Asbestplatte geschützt werden.

**Löffel, Schöpfkelle und Messer.** Außer Teelöffel und Eßlöffel zum Lab abmessen brauchen Sie etwas mit einem langen Griff, um die Milch umzurühren, beispielsweise eine durchlöcherte Holzkelle oder einen Schnee-

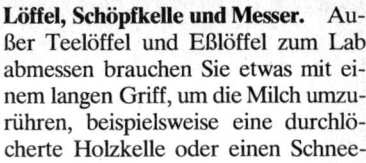

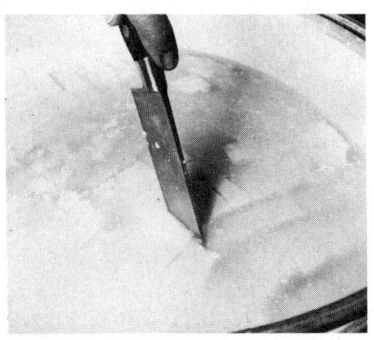

**2.** Bruchschneiden mit einem großen Messer. Es sollte vorsichtig gearbeitet werden, damit möglichst wenig »Staub« in der Molke entsteht.

**3.** Ist der Bruch geschnitten, wird er vorsichtig in ein Tuch über einem Eimer oder einem Sieb geschöpft, um Bruch und Molke zu trennen.

**5.** Der vorbereitete Deckel wird auf den Bruch in der gefüllten Form aufgelegt, darunter die Strohmatte.

**6.** Eine Stahlblechform, gefüllt mit Bruch, der unter dem Gewicht des beschwerten Holzdeckels zu einem gepreßten Käse zusammenwächst; das Ganze steht in einer Molkenablaufwanne in Haushaltsgröße.

53

besen, dann eine Schöpfkelle zum Umfüllen und ein Messer mit langer Klinge, um den Bruchkuchen zu schneiden. Ideal ist rostfreier Stahl.

**Sieb.** Ein größeres Sieb, notfalls aus Kunststoff, ist ebenfalls wichtig.

**Formen.** Ärgerlicherweise sind die meisten traditionellen Käseformen nicht mehr zu bekommen, außer den Camembert-Formen, die man für verschiedene Käse nehmen kann. Sie werden wohl mit deckel- und bodenlosen Büchsen verschiedener Größe und Form improvisieren müssen, die hier zusammen mit entsprechenden Rezepten angegeben werden. Verzinkte Büchsen rosten jedoch schnell. Machen Sie die Löcher möglichst von innen nach außen, sonst bekommen Sie Ihren Käse nicht aus der Form heraus. Einige Zeitgenossen haben mit Erfolg Kunststoffrohre in geeignete Längen geschnitten und mit dem Bohrer gelocht. Hier ist dem Erfindergeist freie Bahn gegeben.

**Ablaufbrett.** Käse entwässern Sie am besten auf hölzernen Brettern mit Rand, die leicht schräg stehen. Stellen Sie sicher, daß die Brettflächen immer groß genug sind, so daß Sie die benötigten Käseformen darauf abstellen können. Wenn Sie Glück haben, bekommen Sie noch irgendwo robuste Strohunterlagen, Strohmatten oder Kunststoffmatten, dann können Sie diese über das Ablaufbrett legen und die Laibe darüber auslaufen lassen.

**Molkesammler.** Das Entwässern von Käse macht eine Menge Molke frei. Man wird also die Käseformen erhöht

plazieren, in eine Schüssel setzen oder auf einen Rost stellen.

**Käsetuch.** Hierfür benutzt man Windeln oder Baumwollstoff, beide sind leicht erhältlich. Man verwendet Käsetücher meist doppelt gefaltet.

**Temperatur**
Für das Käsemachen ist die Raumtemperatur von besonderer Bedeutung. Die beste Temperatur liegt zwischen 18 und 21 °C.

**Arbeitsweise**
Beim Umrühren muß man stets in weiten Kreisen bis zum Boden des Gefäßes rühren. Es sollte immer darauf geachtet werden, daß sich die Milch vor dem Gerinnen nicht mehr bewegt. Flockenbildung zeigt Gerinnung an. Dann erstarrt die Milch zu einer »Dickete«. Um den richtigen Zeitpunkt zum Schneiden zu finden, macht man die Fingerprobe: Tauchen Sie den Zeigefinger schräg in die Dikkete hinein. Diese sollte sich sauber teilen und nicht am Finger haften bleiben. Die austretende Molke soll klar und grün-gelblich sein. Weißliche Molke bedeutet, daß Eiweiß verloren geht.
Die Zeitformel zur Prüfung, ob mit dem Schneiden begonnen werden kann, ist: Gerinnungszeit (vom Laben bis zum Dickwerden) zuzüglich $2^{1}/_{2}$mal diese Zeit. Wenn Ihre Kesselmilch 15 Minuten zum Gerinnen gebraucht hat, sollte sie etwa 50 Minuten nach dem Laben schneidreif sein $(15 + 37^{1}/_{2})$. Wenn die Dickete früher soweit ist, hat sie eine höhere Säure als erwartet, wenn es länger dauert, eine niedrigere Säuerung oder zu wenig Lab.

Achten Sie sorgfältig auf die Anweisungen bezüglich der Größe des Bruchkornes. Wenn Sie einen sehr weichen Kuchen schneiden, warten Sie lieber einige Minuten, bevor Sie in der anderen Richtung schneiden.

Alles, was man an Geräten benutzt, einschließlich Arbeitsflächen, sollte peinlich sauber sein, was man dadurch erreicht, daß man alles 20 Minuten abkocht oder eine Desinfektionsflüssigkeit benützt – z. B. 30 ml Hypochlorit auf 10 l Wasser. Danach sehr sorgfältig mit klarem Wasser spülen.

Alles Gerät, das mit Milch in Berührung kommt, muß man zunächst mit kaltem Wasser spülen, danach erst heiß, sonst entsteht eine unerwünschte rauhe Schicht (Milchstein), die schwer zu entfernen ist.

Wenn Sie glauben, daß Sie zu viel oder zu wenig Säure haben, können Sie ausgleichen. Falls die Entwicklung von Säure schwächer als erforderlich ist, müssen Sie für weiche Käse die Milch einfach länger stehen lassen. Für gepreßte Käse muß man die eingelabte Milch bei einer niedrigeren Temperatur langsamer als sonst erhitzen, wenn man eine langsamere Entwässerung erreichen will.

Langes Haar sollte man zurückbinden. Tragen Sie beim Arbeiten keine wollenen Sachen, sonst werden feine Fasern immer ihren Weg in den Käse finden. Ziehen Sie Fingerringe ab, und sorgen Sie für saubere Fingernägel und gründlich gewaschene Hände.

## Mögliche Probleme

Schimmel kann mit der Hand oder einem feuchten Tuch abgewischt werden. Zu trockener Käse kann mit Sahne oder Butter gemischt werden; nasser Käse sollte lieber so schnell wie möglich verzehrt werden, bevor er verdirbt.

Wenn die Milch nicht gerinnt, ist die Säuerung unterdrückt, z. B. durch Reste von Reinigungslösung am Gerät, durch falsches oder zu schwaches Lab. Oder es kann auch bedeuten, daß Antibiotika in der Milch enthalten sind.

Verdorbener Geschmack kommt mit Sicherheit von mangelhafter Küchenhygiene oder von schlechter persönlicher Hygiene. Wenn der Käse nicht reifen will, dann waren die Milch und der Bruch zu sauer, oder Sie haben die Bakterien schon im Bruchkuchen umgebracht, z. B. durch Kontakt mit Reinigungsflüssigkeit, die oft im Käsetuch haftet, oder durch zu hohe Erwärmung.

## Die Herstellung von Frischkäse

Bis Sie sich durch die möglichen Sorten von Frischkäse durchgearbeitet haben, können Sie sich schon als erfahren betrachten. Das geht vom einfachen Quark, mit Zitrone oder Essig abgeschmeckt, bis zum geformten Käse. Dabei gibt es auch eine Menge Möglichkeiten für persönliche Gestaltung.

### Speisequark

Speisequark ist ein ungelabter, sahniger Käse mit vielen Möglichkeiten. Von ca. 5 l Milch erhält man etwa 1 kg Quark, man kann die Menge auch halbieren oder vierteln.

*5 l Milch*
*etwa 30 ml Buttermilch*
*Salz*

Milch langsam auf etwa 24 °C erhitzen, dann Buttermilch zugeben, gut mischen und rühren, Milch abdecken, 24 Stunden bei Raumtemparatur (18 bis 21 °C) stehen lassen. Wenn das Gerinnsel fest genug ist (Prüfung mit dem »Fingertest«), einen Eimer mit einem trockenen Käsetuch aushängen, den Quark einfüllen, die Zipfel des Käsetuches hochziehen, fest verknoten und aufhängen. Weiterhin 36 bis 48 Stunden bei 18 bis 21 °C entwässern, dabei die trockenen äußeren Schichten mit dem weichen inneren Quark alle 3 bis 4 Stunden mischen. Nach Geschmack salzen oder anders würzen. Wenn man diesen Käse schlägt, wird er sahniger.

## Sauerquark

*1,8 l Vollmilch oder Milch mit*
*Sahnebeigabe*
*30 ml Zitronen- oder Orangensaft*
*oder*
*2 Eßl. Weinessig (gewürzt mit Chilli*
*oder Knoblauch)*

Milch bis kurz vor dem Kochen erhitzen, dann Zitronensaft oder gewürzten Weinessig einrühren. Die Gerinnung erfolgt beinahe sofort. Leicht zerteilen, im Käsetuch abtropfen lassen.

## Labquark

*1,2 l pasteurisierte Milch*
*15 ml Buttermilch*
*Flüssiges Lab 1:6 verdünnt*

Die pasteurisierte Milch mit der Buttermilch erhitzen, Temperatur langsam auf 38 °C bringen, dabei ständig rühren. Dann einen Bruchkuchen mit 10 Tropfen Lab machen. Gut umrühren, abdecken und an einem warmen Platz 2 Stunden lang oder bis der Fingertest erfolgreich ist aufstellen. Sieb mit dem Käsetuch ausschlagen, dünne

Scheiben vom Kuchen in das Tuch schichten. Die 4 Ecken des Tuches anheben und mit einer Schnur zubinden. Die Molke in eine Schüssel tropfen lassen, bis keine mehr kommt. Nun die Masse aus dem Tuch nehmen und in Wachspapier einpacken. Damit ist der Käse eßfertig, er wird aber besser, wenn er 1 bis 2 Tage lagert. Kann mit Salz bestreut, zu Früchten, mit Sahne und Zucker gegessen werden.

## Geschmacksvariationen

Frischkäse können vielfältig zubereitet werden. Hier einige Ideen, andere werden Ihnen selbst einfallen.

**1.** Kneten Sie Schlagsahne in den fertigen Quark, den Sie vielleicht vorher mit Knoblauch oder auch mit Vanille, Gewürzen usw. abschmecken.

**2.** Formen Sie einen kleinen Käse, rollen Sie ihn in süßem Paprikapulver, in frischen, mit Knoblauch und Zitrone gewürzten Kräutern oder in zerdrückten grünen Pfefferkörnern. Immer ein paar Tage reifen lassen, damit der Geschmack eindringt.

**3.** Einen geformten Käse mit dünnen Scheiben von geräuchertem Schinken umwickeln.

**4.** Rosinen in Rum einweichen, dann die aufgequollenen Rosinen in den Käse drücken.

## Einfacher Rahmkäse

*0,6 l Sahne (Schlagrahm verdünnt)*
*7 ml Buttermilch*
*14 Tropfen Lab verdünnt*

Die Sahne langsam auf 24 °C erhitzen, Buttermilch zufügen, gut umrühren. Die Mischung abdecken und etwa 2 bis 3 Stunden ziehen lassen. Dann das Lab, sechsfach mit abgekochtem Wasser verdünnt, dazugeben und sehr gut

Speisequark (vorn rechts),
Speisequark in granulierter Form
(Mitte), Zubereitungen mit
Früchten oder Kräutern (links),
Rahmfrischkäse und
Doppelrahmfrischkäse (vorn
links).

Frischkäse sollte frisch gegessen
werden.

einrühren. Abdecken und bei einer Zimmertemperatur von 21 bis 27 °C etwa 8 bis 12 Stunden stehen lassen, bis die Sahne gerinnt. Den Quark in ein gefaltetes Käsetuch schöpfen und in einem kühlen, luftigen Raum abhängen.

In Abständen von 4 bis 8 Stunden den härteren Quark vom Tuch kratzen und mit dem weicheren, inneren Quark vermischen. Sobald der Quark dick und körnig ist, Salz hinzufügen, gut mischen, von Hand formen oder in eine Tasse oder Joghurtbehälter abfüllen. Süß servieren oder schmackhaft zubereiten (siehe »Geschmacksvariationen«).

### Doppelrahmkäse

Hierfür wird das gleiche Verhältnis von Sahne und Buttermilch wie für den einfachen Sahnequark benutzt, aber der Quark wird weder gereift noch gelabt.

Die Sahne auf 24 °C bringen, die Buttermilch zufügen und mindestens 7 g Salz einrühren. Dann abdecken und an einem warmen Platz gerinnen lassen. In einem Käsetuch abtropfen.

Formen Sie diesen Käse genau wie den einfachen Rahmkäse und schmecken Sie ihn auch so ab, aber wegen seiner Kostbarkeit vielleicht mit noch mehr Sorgfalt.

## Weichkäse in Formen

Folgendes Rezept ergibt drei Käse:
*4,5 l Milch*
*50 ml Buttermilch*
*56 Tropfen Käselab verdünnt*
Kuhmilch bis 32 °C (Ziegen- oder Schafsmilch bis 29 °C) erhitzen, vom Herd nehmen, Buttermilch zugießen

und gut verrühren. Käselab mit sechsfacher Menge abgekochtem und ausgekühltem Wasser verdünnen, der Milch zugeben, einige Minuten tief rühren, dann nur noch oberflächlich. Mindestens eine Stunde vergehen lassen, bis der Fingertest gelingt.

Machen Sie stets einen »Deckel« für geformte Weichkäse, indem Sie die Form sanft in den Käsebruch drücken, die umrissene Scheibe abstechen und auf einen sauberen Teller legen. Machen Sie für jeden Käse einen solchen »Deckel«.

Stellen Sie die Formen auf Matten, die auf einem Ablaufbrettchen liegen, und schöpfen Sie dann reihum die Formen voll, so daß alle bis zur gleichen Höhe gefüllt sind. Wenn Ihre Milch zu sauer war, schneiden Sie dünnere Scheiben, um die Entwässerung zu beschleunigen, dickere Scheiben trocknen schlechter. Nachdem der Käse sich gesetzt hat, legen Sie den »Deckel« darauf. An einem warmen Platz wird die Entmolkung etwa 24 Stunden dauern.

Wenden Sie nun den Käse mit Hilfe eines sauberen Brettchens in der Form, indem Sie ihn vorsichtig umgekehrt wieder hineingleiten lassen. Wiederholen Sie diesen Vorgang jeden Tag, bis der Käse fest genug ist (gewöhnlich nach drei Tagen). Nehmen Sie ihn aus der Form, und reiben Sie seine Oberfläche mit Salz ein. Entstandenen Schimmel vollständig abreiben.

Nun haben Sie drei Käse zum Probieren. Essen Sie einen frisch als sogenannten »grünen« Käse, einen anderen lassen Sie noch einige Tage an der Luft trocknen, während er täglich gewendet wird, und den dritten packen

Sie in Wachspapier oder Pergamentpapier und legen ihn in den Kühlschrank oder lagern ihn bei Zimmertemperatur. Dann wissen Sie, welchen Geschmack Sie bevorzugen.

Wenn Sie schon etwas fortgeschrittener sind, können Sie frische Kräuter in den Quark schichten oder Pfeffer einstreuen.

### Französischer Sahnekäse

*4,5 l Milch*
*1,2 l Sahne*
*14 ml Buttermilch*
*15 Tropfen Lab verdünnt*

Mischen Sie die Milch mit Sahne und Buttermilch. Langsam auf 16 bis 18 °C erhitzen. Sechsfach mit Wasser verdünntes Lab zugeben. 4 Minuten normal rühren, dann 1 Minute nur oberflächlich. Den Behälter zugedeckt an einen kühlen Platz stellen und während der nächsten Stunde zweimal je 2 Minuten an der Oberfläche rühren. Es wird danach mindestens 12 Stunden dauern, bis Sie den Quarkkuchen sauber teilen können. Schöpfen Sie den Quark in ein Käsetuch, binden Sie die 4 Zipfel zusammen, und hängen Sie es an einen zugfreien Platz, bis die Molke nur noch langsam tröpfelt. Kratzen Sie den trockenen Käse jede Stunde vom Tuch und mischen Sie ihn wieder in die weiche Mitte ein. Wenn der Käse nach etwa 12 Stunden fest ist, mit Salz abschmecken und in kleine Formen von etwa 6 cm Durchmesser füllen, schließlich zum Entmolken auf Matten setzen.

Sobald die Käse die Gestalt Ihrer Formen angenommen haben, können sie wieder herausgenommen werden. Dann sind sie fertig zum sofortigen Verzehr, oder sie können in Wachspapier oder Alufolie bis zu einer Woche gelagert werden.

Wahlweise kann man auch halb so viel Lab nehmen und das Ganze in der doppelten Zeit, also in 24 Stunden, gerinnen lassen. Dieser Käse sollte auf einem Brett entwässern, anstatt aufgehängt zu werden, und man sollte ihn in viel größere Formen füllen.

Für eine Variante mit der Bezeichnung »Neufchâtel« laben Sie bei 30 °C mit nur wenigen Tropfen Lab ein; der Quark entsteht dann erst in 18 bis 24 Stunden. Der Käse wird in einer ganzen Reihe von Formen erzeugt, darunter das bekannte »Herz«.

## Gepreßte Käse (Hartkäse)

Diese Käse erfordern sehr viel Milch, eine Presse und größere, stärkere Formen. Sie müssen sich Ihrer Fähigkeiten sicher sein, bevor Sie sich mit ihnen einlassen. Wenn Sie mit weichen Käsesorten geübt haben, werden Sie die Technik schon genügend im Griff haben, um mit halbhartem Käse umzugehen.

### Kingston Käse

Dies ist ein gefärbter und gepreßter Käse.

*30 l Milch*
*0,12 l geseihte Buttermilch*
*80 Tropfen Annatto*
*150 Tropfen Lab verdünnt*
*Salz*

In die Vollmilch die Buttermilch gießen, dann das Annatto mit Wasser vermischt hinzufügen. Stehen lassen, bis eine gute Säuerung erreicht ist. Um den Säuregehalt zu steigern, kann man die Milch auf 28 °C erwärmen und auf dieser Temperatur halten.

Das Lab, fünffach mit kaltem, abgekochtem Wasser verdünnt, dazugeben. Etwa 5 Minuten tief rühren, dann an der Oberfläche weiter rühren, bis die Gerinnung beginnt. Abdecken und ruhen lassen, bis der Bruchkuchen fest ist. Diesen in Würfel von 2,5 cm Seitenlänge schneiden. Nun

den Bruch 15 Minuten lang rühren, danach innerhalb von 20 Minuten die Temperatur auf 32 °C erhöhen, dabei immer rühren. So weitermachen, bis

**Die stolze Hausfrau mit den von ihr gefertigten »hausgemachten Käsen«.**

der Bruch wirklich fest ist, und die Bruchkörner nicht mehr aneinander haften. Bei 32 °C den Bruch sich setzen lassen, was bis zu 1¼ Stunden dauern kann. Dann noch 20 Minuten in der Molke stehen lassen. Molke abgießen, den Bruch aufhäufen und 15 Minuten bedecken. Anschließend in 10 cm Würfel schneiden, wenden und wieder 15 Minuten abdecken (sog. »Cheddaring«), 2 bis 3mal wiederholen. Warten Sie noch eine Stunde, und machen Sie danach den Bruch unter Zufügung von 30 g Salz auf etwa 3 kg Bruch sehr klein. Schließlich in runde Formen füllen. Diese 2 Stunden mit genügend Druck pressen, um den Bruch zu verdichten. Weiter wenden und pressen, aber über Nacht ohne Druck stehen lassen. Der Käse bleibt in der Form, bis sich etwa nach 24 Stunden eine leichte Fettschicht bildet. Am nächsten Tag die Formen entfernen, den Käse glattschaben, mit einer Mehlpaste einreiben und mit einem Baumwolltuch umwickeln. In einem kühlen, aber nicht kalten Raum bis zu 10 Tagen reifen lassen, dabei jeden Tag wenden.

### Caerphilly Käse (aus Wales)
*10 l Milch*
*45 ml Buttermilch*
*60 Tropfen Lab verdünnt*
Buttermilch und »Starterkultur« bei 32 °C zur Milch gießen. 30 Minuten stehen lassen, sechsfach verdünntes Lab zugießen. 30 Sekunden tief rühren, dann bis zur Gerinnung an der Oberfläche rühren. Wieder 45 Minuten stehen lassen. In 1 cm Würfel schneiden, Dickete umdrehen und rühren. Die Temperatur schnell auf 33 °C bringen und halten, 40 Minuten lang rühren. Absetzen lassen, Molke abziehen, den Bruch 5 Minuten aufgehäuft sitzen lassen, schneiden und nach 10 Minuten wieder aufhäufen. Dann in walnußgroße Stücke teilen, 30 g Salz auf 1,6 kg Bruch zusetzen. Ein feuchtes Tuch in eine Form hängen, den Bruch einfüllen, mit etwa 2 kg Druck 10 Minuten lang pressen, wenden und zweimal wiederholen. 14 bis 16 Stunden ruhen lassen. Trocknen, mit Schmalz einreiben und in ein Tuch wickeln. 14 Tage lang täglich wenden.

### Hinterhof-Käse (Backyard cheese)
*10 l Kuh-, Ziegen- oder Schafsmilch*
*45 ml Buttermilch oder Säurewecker*
*60 Tropfen Lab verdünnt*
*Salz*
Buttermilch-Kultur bei 32 °C in die Kuhmilch, bei 29 °C in Ziegen- oder Schafsmilch gießen. 5 Minuten tief rühren, 45 Minuten in Ruhe lassen. Bei derselben Temperatur verdünntes Lab zusetzen, tief rühren, dann bis zur Gerinnung an der Oberfläche rühren – etwa 15 Minuten lang. Vom Herd nehmen. Nach 45 Minuten sanft in 1-cm-Würfel schneiden, 5 Minuten rühren, anschließend in 30 Minuten auf 38 °C erwärmen bzw. bei Ziegen- oder Schafsmilch auf 35 °C, dabei ständig rühren, bis der Bruch nicht mehr klebt, wenn er in der Hand gequetscht wird. Zum Entwässern in ein Tuch binden, 1 Stunde ruhen lassen, von Zeit zu Zeit das Tuch fester zusammenziehen. Nun den Bruch herausnehmen und mit 15 g Salz mischen. Eine Form mit einem Tuch aushängen, den Bruch sauber einbetten, Tuch darüber falten und mit 10 bis 12 kg Druck 2 Stunden lang pressen.

Neu einwickeln. Über Nacht doppelten Preßdruck anwenden. Danach frisch einschlagen. Wieder doppelten Preßdruck über 24 Stunden. Mit Schmalz einreiben und mit einem Baumwolltuch umwickeln. 6 bis 8 Wochen reifen lassen, drei Wochen lang täglich wenden, dann langsam zu einmaligem Wenden pro Woche überwechseln.

## Ziegen- und Schafskäse

In vieler Hinsicht sind diese Käse einfacher herzustellen als andere. Es ist auch leichter, eine Ziege oder ein Schaf zu halten als eine Kuh. Ihre Milch muß nicht unbedingt pasteurisiert werden, obwohl das eine gute Sicherheitsvorkehrung ist.

### Frischkäse

Käse, dessen Bruch von selbst entsteht, wird gemacht, indem man die Rohmilch bei einer Temperatur von 24 bis 29 °C bis zu 24 Stunden aufstellt, bis sie geronnen ist, dann in einem Behälter mit Löchern entwässert und den Bruch schließlich mit etwas Druck festigt. Wenn Sie eine schnelle und gezielte Reifung wollen, setzen Sie der Milch etwas Säurewecker zu. 125 ml Buttermilch auf 5 l Milch ist etwa richtig.

Falls Sie einen »Starter« nehmen, sollte die Dickete in etwa 20 Stunden fest sein. Um zu vermeiden, daß die Käsemasse zu weich wird und zu langsam entwässert, können Sie mit einem Teelöffel verdünntem Lab pro 5 Liter Milch nachhelfen, den Sie der Milch bei 24 °C zusetzen. Je länger es dauert, die Milch zum Gerinnen zu bringen, desto weicher wird schließlich Ihr

**In einem Kasten, der rundum mit Fliegengitter geschlossen ist, sind hausgemachte Ziegenkäse im Schatten zum Trocknen aufgehängt.**

Käse. Mit Lab erreichen Sie die Gerinnung mit etwa 5 bis 10 Stunden. Milch, die gelabt wird, sollte etwa 12 Stunden alt sein.

Gewürze für diesen Käse und für den »Chèvre paysan« sind die gleichen wie auf Seite 56 »Geschmacksvariationen«, einschließlich der Beigabe von Rahm in den Bruch.

### Chèvre paysan
(Französischer Ziegenkäse)
*9 l Ziegenmilch*
*1 l Molke*
Rühren Sie Molke von einem anderen Käse in die noch vom Melken warme Milch. Lassen Sie den Ansatz an einem Ort in gemäßigter Temperatur stehen, bis sich der Bruchkuchen bildet. Dies kann bis zu einem vollen Tag

dauern. Säubern und trocknen Sie einige kleine Formen mit gelochtem Boden, die Sie selbst machen können, z. B. aus Joghurtbechern. Stellen Sie diese auf ein Drahtgestell oder auf Stroh, und löffeln Sie den Bruch hinein. Schneiden Sie vorher Scheiben, und verteilen Sie diese gleichmäßig, d. h. füllen Sie die Formen nicht auf einmal, sondern immer reihum. Lassen Sie den Inhalt 48 Stunden entwässern, und stürzen Sie ihn dann aus den Formen. Danach wird der Käse in einem kühlen und schattigen Raum nachgetrocknet.

**Banon-Käse** (in Kastanienblättern)
Dieser Käse kann entweder aus Ziegenmilch oder einer Mischung aus Ziegen- und Schafsmilch gemacht werden. Benutzen Sie das Rezept für Frischkäse, aber stellen Sie die Formen auf Stroh oder unglasierte Tonware – vielleicht auf Ziegel. Die Käse sollten ziemlich trocken sein und brauchen 3 bis 5 Tage, um diesen Zustand zu erreichen. Dann aus der Form nehmen und in Schnaps oder in einen anderen hochprozentigen Alkohol tauchen. In Walnuß- oder Kastanienblätter einwickeln und kreuzweise eine Schnur darumbinden. Der Käse reift weiter, er wird sahnig und durch das Aroma der Blätter geschmackvoll. Brennesseln sind ebenfalls vorzüglich geeignet, um diesen Käse reifen zu lassen, obwohl es dann kein echter »Banon« ist.

## Molkenkäse

Die Molke zuerst langsam anwärmen, bis sie wallt, dann bei dieser Temperatur weiterkochen, bis alle Feuchtigkeit verdunstet ist und eine karamelartige Paste übrigbleibt. Den Kochtopf in kaltes, fließendes Wasser stellen, dabei den Käse rühren, damit er gleichmäßig abkühlt. Anschließend sollte er ein mittleres goldenes Braun haben und recht fest sein. Pressen Sie den Käse in einer kleinen quadratischen Form (eine Teebüchse mit Löchern tut es auch).

## Molkeneiweiß-Käse

Er wird auf zwei Arten gemacht – entweder durch Fällung von normaler Molke oder durch Zugabe von Milch zur Molke – letztere Methode ergibt die Ricotta.

**Methode I.** Die Molke erhitzen, bis sie schäumt. Absetzen lassen und Molkenüberstand abgießen. Schöpfen Sie dann kleine Fladen heraus. Diese in Tüchern entwässern, salzen und leicht pressen.

**Methode II.** Sobald die Molke schäumt, die doppelte Menge frische Milch zugeben. Die Flüssigkeit soll nicht kochen. Nehmen Sie den Topf vom Herd, sobald Sie sehen, daß der Quark sich trennt. Abdecken und stehenlassen, bis das Gerinnsel sich nach etwa 2 Stunden gesetzt hat. Im Baumwolltuch (Windel) ungefähr 3 Stunden entwässern. Salzen und in eine hübsche Form füllen.

# Käse einkaufen

Käse ist ein ideales Nahrungsmittel. Obwohl Käse, gemessen am Nährwert, viel billiger als Fleisch ist, ist er doch nicht mehr so billig wie früher. Das Aussterben der kleinen Lädchen und die »Blüte« der Supermärkte haben dem Kunden zudem die Möglichkeit des Probierens genommen. Erfahrung aber ist der einzige Lehrer, der nicht trügt! Hier nun einige Tips, die Ihnen beim Einkaufen helfen sollen.

Im Idealfall würde Käse den Verbraucher immer nur in bestem Zustand erreichen, die Einzelhändler würden sich weigern, irgend etwas Unreifes, Überreifes oder sonstwie Unvollkommenes zu verkaufen. Aber wenn Sie

**Eine Auswahl französischer und englischer Käse: Mit Kräutern gewürzte Frischkäse 37 und 39; Weichkäse mit Schimmel: Camembert 17, Coulommiers auf Stroh 18, Brie 19, Brie de Meaux 20, Neufchâtel 21; Weichkäse mit Rotschmiere: Bel Paese 15, Port Salut 16, Livarot 22, Petit Pont l'Evêque 23, Reblochon 24; Schnittkäse (leicht gepreßt): Caephilly 3; Schnittkäse (stark gepreßt): Gouda 1, Edamer 2, Red Cheshire 4, Red Leicester 5, Sage Derby 34, Sage Lancashire 35, Double Gloucester mit Schnittlauch 36; Hartkäse: Emmentaler 6, Gruyère 7; Käse vom Filata-Typ: Mozarella 14; Molkenkäse: Gjetost 33; Schimmelkäse (Bleu): Roquefort 6, Blue Cheshire 9, Fourme d'Ambert 10, Blue Stilton 11, Bleu de Bresse 12, Gorgonzola 13; Ziegenkäse: Cendré-Typ 25; leicht gepreßter Käse 26; Michèvre 27; Frischkäse, gesalzen 28; mit Wachsüberzug 29; walzenförmig mit weißem Schimmel 30; pyramidenförmig mit Schimmel und Schmiere 31; klein und hart 32; Schmelzkäse: Poivre d'Auvergne 38.**

einen Käse sehen, der nicht ganz richtig scheint, heißt das nicht unbedingt, daß der Einzelhändler nachlässig war. Manch kleiner Ladenbesitzer mag heute wieder versuchen, einen speziellen Kundendienst einzurichten, einen Handel mit herkömmlichen, aber auch interessanten neuen Käsesorten aufzubauen. Immer werden sich bekannte Sorten schneller verkaufen als andere, daher mögen dann einige Käse nicht immer im optimalen Zustand sein. Für viele Leute sind solche Käse vollkommen in Ordnung, einmal weil sie diese sogar vorziehen, manchmal weil sie nichts von Käse verstehen. Doch sind diese Käse immer noch ihr Geld wert – bei Fäulnis und Austrocknung allerdings nicht mehr. Beschweren Sie sich in diesem Falle ruhig, aber kaufen Sie weiter Käse. Der einzig sichere Weg, Ihren Ladenbesitzer nicht zu dem Ausweg zu verführen, nur noch Abgepacktes zu verkaufen, ist der, mehr Käse zu kaufen. Wenn Sie etwas Neues gefunden haben, das Sie mögen, erzählen Sie Ihren Freunden, wo Sie es gekauft haben. Probieren Sie vor dem Kauf, so daß Sie alles vermeiden können, was Ihnen nicht gefällt. In Supermärkten sind die Einkaufsbedingungen anders und die Bewertung von Käse ist schwieriger. Das Bedienungspersonal muß dort nicht viel über Käse wissen, außer ihn nett auszustellen und richtig auszuzeichnen. Beschweren Sie sich, wenn Sie etwas wirklich Schlechtes gekauft haben, dessen Beurteilung durch die Verpackung unmöglich war, sonst wird es der Käse-Einkäufer nie erfahren. Es mag nicht einmal seine Schuld sein, sein Hersteller kann ihm minderwertige Ware geschickt haben.

Einen ungewöhnlichen oder neuen Käse zu kaufen, ist sogar für den Eingeweihten ein Risiko. Einigermaßen sicher gehen Sie, wenn Sie ein renommiertes Geschäft aufsuchen, das immer noch vom ganzen Käse Stücke schneidet. Wenn diese gut sind, dann sollten es die seltenen kleinen Delikatessen auch sein. Meist ist man auf der Suche nach interessantem Weichkäse und unbekannten französischen Sorten. Erinnern Sie sich aber daran, daß diese weit schwieriger aufzubewahren sind als die bekannten Hart- und Schnittkäse-Sorten. Wenn jene einmal reif sind, haben sie nur noch eine kurze Haltbarkeit. Wenn einige von den renommierten Geschäften diese Sorten auf ihren Theken und nicht in den Kühltruhen zeigen, dann ist das mehr als Ausstellung gedacht. Sie müssen schon Glück haben, darunter einen Käse im gerade richtigen Zustand zu finden. Aber oft ist ein solches »Schaustück« nicht eßbar.

Echtes Interesse erfordert Köpfchen und Planung: Genau wie bei Wein, wird sich die Aufmerksamkeit für die richtige Lagerung, Temperatur, Reife und andere Faktoren bezahlt machen. Die Verschiedenheit des persönlichen Geschmacks bringt es mit sich, daß niemand einfache Regeln zur Führung durch den Wald von Handelsnamen abgepackter Käse aufstellen kann. Einige sind sicher besser als andere. Wenn Sie wirklich der Ansicht sind, daß Ihr Händler minderwertigere Sorten führt als die, die Sie sonst kennen, dann zeigen Sie ihm eben das Markenzeichen von den besseren; natürlich sollte die Herstelleradresse angegeben sein. Ihr Kaufmann wird Ihnen dankbar sein, wenn Sie tatsächlich recht haben. Da die meisten Ladenbesitzer nicht die Zeit haben, alle Käse zu probieren, die sie nicht führen, wird eine Hilfe, die Sie als Kenner anbieten können, notwendigerweise auf Anerkennung stoßen.

Im allgemeinen sind die Regeln, die für den Kauf der meisten Käse anwendbar sind, eine Sache des gesunden Menschenverstandes und denen ähnlich, die man für andere frische Lebensmittel anwendet. Austrocknung darf nicht sein, ebenso wenig Risse, nasses Schwitzen, öliges Äußeres, Schimmel an der falschen Stelle oder von der falschen Sorte, Übersäuerung, Zerfall oder Beschädigung. Der Käufer sollte einen Käse nicht gleich deswegen zurückweisen, weil er zuviel Rinde hat oder weil etwas Folie in der abgewogenen Portion enthalten ist. Man sollte aber ruhig darauf aufmerksam machen, wenn man durch einen laienhaften Schnitt unverhältnismäßig viel Rinde oder Folie erhält. Abgepackter Käse sollte auf sein Datum geprüft werden. Die Packung darf nicht verschmiert oder fleckig sein. Verweigern Sie jede Packung, die wie ein Luftballon aufgeblasen ist. Anweisungen auf der Verpackung für das Öffnen, Servieren und Lagern von abgepacktem Käse sollten genau beachtet werden.

## Käse lagern

Die Grundregel für das Aufbewahren von Käsestücken heißt: Tu's lieber nicht! Kaufen Sie nur in kleinen Mengen, die Sie schnell essen können. Wenn Ihnen das nicht möglich ist, dann erinnern Sie sich daran, daß erfolgreiche Lagerung von Temperatur und Luftfeuchtigkeit abhängig ist. Tatsächlich ist es falsch zu behaupten, daß Käse nie gekühlt werden sollte. Natürlich ist ein Keller mit 10 bis 15 °C der beste Ort, aber wer hat den noch? Auch das Gemüsefach im Kühlschrank ist geeignet. Beachten Sie jedenfalls folgendes:

**Weichkäse** wickeln Sie am besten in Kunststoffolie oder Alufolie ein. Dasselbe gilt für Ziegen- und Schafskäse.

**Hart-** und **Schnittkäse** in ein feuchtes Tuch zu wickeln, das mit Wasser, Salzwasser oder einer milden Essiglösung getränkt ist, lohnt sich nicht mehr. Das Einschlagen in Folie und das Lagern im unteren Fach des Kühlschranks genügt.

**Blauschimmelkäse** muß man fest in Folie oder Alu wickeln oder auch in ein feuchtes Tuch, die letztere Methode ist hier besser.

Erwähnenswert ist noch, daß eine krümelige Oberfläche schneller austrocknet als eine glatte – ziehen Sie deswegen die flache Klinge eines Messers über die Oberfläche von krümeligem Käse, bevor Sie ihn lagern.

Glücklicherweise ist es ziemlich schwierig, Käse vollständig falsch zu behandeln. Ausgeschwitztes Fett kann man abwischen, Schimmel abkratzen, beides ohne gesundheitliches Risiko. Ausgetrocknete Käse kann man reiben und als Zutat oder Gewürz benutzen. Der einfachste Trick mit zu trockenem Blauschimmelkäse ist, ihn für einen leckeren Aufstrich mit Butter zu vermischen.

Für diejenigen, die weder mit einem Kühlschrank noch einem Keller ge-

segnet sind, ist ein zugiges Fenstersims oder ein Treppenhaus ein guter Ersatz zur Sommerlagerung von Käse. Käsebehälter oder eine Käseglocke sollte man nicht nehmen.

### Vegetarischer Käse

Nein, das ist kein Witz – auch wird er nicht aus Löwenzahnmilch gemacht! Das Töten von Tieren halten manche Leute für unnötig, und strenge Vegetarier essen noch nicht einmal Käse, weil dafür Lab von getöteten Tieren benutzt wird. Die Befolgung jüdischer Nahrungsgesetze bringt ein ähnliches Problem mit sich; sie verbieten nämlich die Mischung von Milch und Fleischprodukten. Daher wird der Saft von Pflanzen benutzt, um die Milch gerinnen zu lassen. Das ist eine Me-

**Solcher Käse sollte nicht gekauft werden: Links oben zu alter Pont d'Evêque (zerlaufend, Risse in der Rinde, Schimmel); rechts daneben fehlerhafter Brie (kreidiger Kern); daneben zu alter Brie (geplatzte Rinde, zerfließender Teig); überlagerter Cheddar (trocken, rissig, schimmelig); überlagerter Camembert (braun gewordene Rinde); fehlerhafter Tomme au Raisin (Schimmel in der Beschichtung, braun eingetrocknet); zu alter Pipo Crèm (eingetrocknete zu reichliche Schmiere und Schimmel); zu unreifer Blue Stilton (kaum Schimmelwuchs in den Bruchlöchern).**

Ein gut sortierter Käseladen, in dem man noch persönliche Bedienung und Beratung erhält, hier das Geschäft von Mr. Christian in Londons berühmter Portobello Road.

thode, die man seit Tausenden von Jahren kennt und eine, die möglicherweise älter ist als die Verwendung von Kälber-Lab. Eine ganze Reihe von wilden Pflanzen kann zur Gerinnung von Milch verwendet werden. Labkraut (Galium verum) heißt eine Pflanze, die auf dem Lande auch »Käselab« genannt wird. Die alten Römer nahmen Blütenblätter von Disteln, Feigensaft und Safranblumen, welche heute noch von den Beduinen in Nordafrika gebraucht werden. In den südlichen Bergen von Portugal werden die Blätter und Blumen von wilden Disteln verwendet. Im spanischen Cordoba wird ebenfalls ein Käse mit Pflanzenlab gemacht. Das vielleicht erstaunlichste Gerinnungsmittel, das je benutzt wurde, erfanden die vegetarischen Zisterzienser-Mönche im mittelalterlichen Dänemark: Sie nahmen die Verdauungssäfte der fliegenfressenden Venusfliegenfalle (Dionaea muscipula) und dazu noch Sonnentau (Drosera).

**69**

# Käse anrichten

Vollen Genuß kann man auch bei den unansehnlichsten und billigsten Käsesorten mit ein wenig Sorgfalt erzielen; teure, seltene und delikate Käse erfordern diese zu Recht. Genau wie bei Wein haben Temperatur, Luftbedingung und die Art des Auftischens eine schreckliche oder herrliche Wirkung. Viel vom Folgenden ist einfach gesunder Menschenverstand. Trotzdem kann jedes Wissen über Käse dabei helfen, daß Ihr Käse wirklich in seiner besten Verfassung auf den Tisch kommt.

## Die Temperatur

Sie ist der wichtigste Faktor, der gewährleistet, daß Sie sich am vollen Geschmack des ausgewählten Käses freuen können. Eine gemäßigte Raumtemperatur ist für die meisten Käsesorten am besten. Wenn Sie den Käse aus dem Kühlschrank nehmen, müssen Sie mit der Wirkung der Zentralheizung im Winter oder der kühlen Lüftung der Küche im Sommer rechnen. Etwa eine halbe bis eine Stunde Lagerung, zum Erreichen der richtigen Temperatur, ist ungefähr notwendig.

Im ganzen gesehen ist es wahrscheinlich besser, den Käse etwas zu kühl als zu warm aufzutischen, denn Wärme führt zum Schwitzen und zu unangenehmen Geschmacksveränderungen. Um starke Veränderungen und die Entwicklung von Geruch zu unterbinden, sollte Käse erst kurz vor dem Servieren ausgewickelt werden. Frischkäse werden gewöhnlich gut gekühlt.

## Die Kunst des Darbietens

Das Aussehen des Käses, den Sie auftischen, hängt sowohl vom guten Geschmack als auch von der sorgfältigen Auswahl ab. Schneiden Sie alle trockenen, rissigen und schimmeligen Teile ab. Verstecken Sie Ihren Käse nie in einem Garten aus Salat oder anderswo. Lassen Sie ihn ganz für sich selbst auf einer einfachen Platte sprechen. Traditionell ist das hölzerne Brett.

Man kann auch eine Auswahl von Gewürzen zusammen mit dem Käse servieren. Das gehört jedoch eher zu einer Mahlzeit, bei der der Käse den Hauptanteil ausmacht, sagen wir zu einem leichten Lunch oder einem Picknick. Es können auch Früchte, Nüsse, Kresse, frische Kräuter, Chutney oder Gewürzgurken angeboten werden, die den Käse eher ergänzen und nicht so sehr sein Aroma überdecken. Eingelegtes, vor allem eingelegte Zwiebeln, die manchmal in Gastwirtschaften mit einer »Bauernvesper« serviert werden, verbessern die erstaunliche Geschmacklosigkeit vieler heutiger Fabrikkäse. Sie übertönen den geringen »goût«, den diese Käse haben, was vielleicht keine schlechte Sache ist. Aber ein gut gereifter Bauernkäse aus Sommermilch kann mit ein oder zwei sauren Leckerbissen ideal sein.

## Hüllen, Rinden und Schilder

Abhängig von der Art einer Mahlzeit sollten Hüllen, Behälter usw. entfernt werden, ebenso die nicht eßbare Rinde.

Einige Experten behaupten, daß keine Rinde eßbar ist, ausgenommen die von Brie und Camembert. Andere empfehlen, die Rinde jeder Art von weichen, pastösen Käsesorten zu essen, sofern sie eine gewaschene, saubere Naturrinde haben. Verlassen Sie sich auf Ihren eigenen Geschmack als Führer. Sorgen Sie dafür, wenn Sie tatsächlich mit der Rinde servieren, daß sie trocken ist, nicht nach Ammoniak riecht oder gar verdorben ist.

Die Vorstellung, den Käse zu einer Mahlzeit mit Namensschildern zu versehen, ist entsetzlich. Wenn Sie sich an die Namen der Käse, die Sie auftischen, nicht erinnern können, dann sind es wahrscheinlich zu viele. Das Servieren eines einzelnen seltenen Käses ohne viel Aufhebens wird wahrscheinlich weit mehr Anklang finden. Schilder werden dann empfohlen, wenn Käse von einem Service geliefert wird, dessen Mitarbeiter nicht erfahren sind, oder bei Parties, die eigens dafür arrangiert werden, um neuen Käse einzuführen oder damit zu experimentieren.

### Schneiden oder zerteilen?

Schneiden Sie Käse nie vor der Mahlzeit in Portionen, außer Sie versorgen Kinder oder Kranke. Vorschneiden beschleunigt den Zerfall von Geschmack und Freundschaft.

Da es aber immer Gäste gibt, die ein unfehlbares Talent zur Zerstörung von Käse besitzen, ist es völlig in Ordnung, wenn Sie Ihre Gäste selbst be-

**Die verschiedenen Formen der Käse erfordern auch ganz verschiedene Arten des Aufschneidens.**

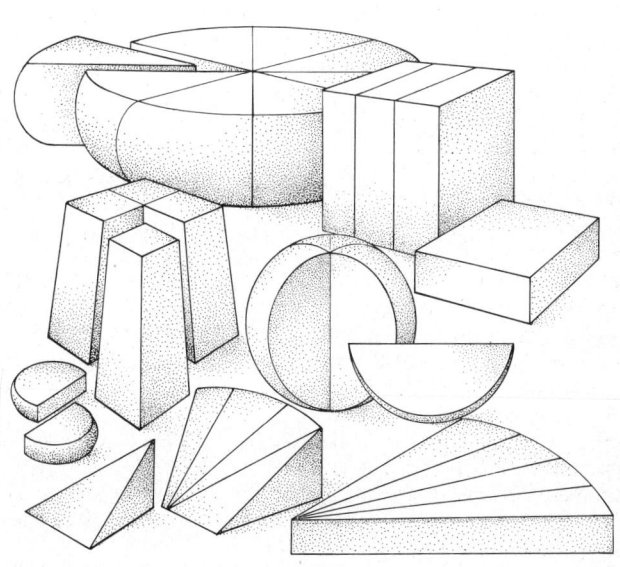

dienen. Ein Stapel von Brettchen oder Platten, ein scharfes Messer (zwei, wenn Blauschimmelkäse dabei ist) und dazu ein nettes Geplauder werden dafür sorgen, daß niemand auf die Idee kommt, Sie seien knauserig. Butter sollte immer dabei sein, obwohl die Verwendung dem Einzelnen überlassen bleibt. Eine Auswahl von salzigem und ungesalzenem Gebäck paßt zum Dessert, zur Vesper gehört Brot. Da jeder Käse bis zu einem gewissen Grade gesalzen ist, sollten Sie nicht nur gesalzenes Gebäck anbieten. Wenn Sie nur eine Sorte servieren wollen, wählen Sie am besten Crackers oder Knäckebrot, dazu Butter. Wer Gebäck mit Käsegeschmack zum Käse reicht, für den sind Daumenschrauben und Nagelbrett noch nicht die angemessene Strafe.

Soll man Käse von der Mitte her aufschneiden? In einem Wort: Nie! Obwohl der Kern eines richtig gereiften Stilton z. B. sicher in der Mitte am blausten ist, ist diese Stelle auch nicht reifer als eine andere. Der Geschmack ändert sich einfach von der Rinde zum Kern in dem Maße, wie der Blauschimmelanteil steigt. Aber kein Stück ist weniger guter Stilton. Alles hat teil am herrlichen Aroma, das ein reifer Käse bietet. Verteidiger der Methode, den Käse vom Kern her aufzuschneiden, haben Unrecht mit der Behauptung, daß sie logischerweise der Reifung von innen nach außen folgten. Käse reift anaerob – ohne direkten Kontakt mit der Luft. Sobald Luft an den Käse gelangt, werden Reifungsbakterien aktiviert. Blauschimmelkäse, der von der Mitte aus angeschnitten ist, ändert langsam die Struktur – gewiß. Aber diese Veränderung ist das Ergebnis von Verfall und Austrocknung.

Ähnliches Stirnrunzeln erzeugt alkoholische Behandlung von Käse. Ursprünglich war das wohl üblich, um den Käse vor Schimmel zu schützen, es war aber nicht als Geschmacksabenteuer beabsichtigt, obwohl sich Hartkäse durch Einreiben der Rinde mit Kirschwasser im Aroma verfeinern läßt.

## Die Party ist vorbei

Sobald es sich schickt, sollte man den Käse vom Tisch nehmen und in seine Hüllen packen. Zigarettenrauch und eine warme Umgebung sind nicht die besten Freunde des Käses. Schnelles Wegräumen schützt den Geschmack und spart Geld, weil sonst viele ausgetrocknete Ecken abgeschnitten werden müssen.

**Einer Vielfalt der Käse steht auch eine Vielfalt der Getränke gegenüber.**

# Käse und Wein

Käse ist unglaublich gesellig. Er paßt zu großartigen und zu bescheidenen Weinsorten, zu Bier, zu Most, zu Früchten und Nüssen. Bereichern Sie Ihre Speisekarte, indem Sie das Beste aus diesen Partnerschaften herausholen.

Tatsache ist, daß nur wenige von uns, nicht einmal die hingebungsvollsten Schwelger, das Kleingeld oder den Schwung aufbringen, um einen ganz bestimmten Wein zu einem ganz bestimmten Käse einzukaufen. Der Wein ist üblicherweise zuerst da – gekauft für die Hauptmahlzeit oder, noch wahrscheinlicher, übriggeblieben nach der letzten Party. Der Käse muß dann eben passen.

Sehr allgemein gesprochen haben Wein und Käse aus einer bestimmten

Landschaft auch eine natürliche Verwandtschaft, vor allem die einfacheren Weine. Edlere Weine breiten ihre Arme zum Willkommensgruß weiter aus. Erfahrung lehrt, daß dies nur eine Voraussetzung für den Genuß ist. Denn ein leichter Claret ersetzt spielend einen Beaujolais, und ein lebendiger Weißwein kann die leichten Rotweine mehr als nur ausgleichen und so weiter. Aber überreifer Brie wird niemals durch einen edlen Bordeaux oder Burgunder gerettet. Noch kann ein höchst vollkommener Käse einen säuerlichen oder gar sauren Wein ausgleichen.

Die allgemeine Regel ist, volle und würzige Weine mit reichhaltigeren Käsesorten zu vereinen. Die leichteren Weißweine und Rosé verdienen die frischeren und sahnigeren Käse und die Feinheit von leichtem, frischem Chèvre.

## Käse und Wein zum Mittagstisch

Ihre Wahl des Käses wird zunächst davon abhängen, wann er serviert werden soll. Wenn das zwischen dem Hauptgericht und dem süßen Nachtisch sein soll – wie es in der französischen Küche üblich ist –, stimmt man ihn auf den Wein, der mit dem Hauptgericht serviert wird, ab. Wenn Sie einen Weißwein gereicht haben, wäre es besser, nicht einen Brie oder einen vorschmeckenden Edelpilzkäse nach diesem Wein anzubieten; ein weicher Münster, ein etwas blumiger Greyezer oder ein Tomme wäre eine viel ausgewogenere Wahl.

Haben Sie einen besonders guten Wein zur Hauptmahlzeit getrunken, dann sollten Sie diese immer mit Käse

beschließen, bevor es den Nachtisch gibt. Das ist besonders dann angebracht, wenn Sie einen üppigen, süßen, gekühlten Wein zum Nachtisch servieren wollen. Dadurch stellen Sie den vollen Genuß beider Weine und des Käses sicher und vermeiden den gräßlichen Geschmack von Rotwein mit süßem Pudding. Andererseits wird jedes Essen, das so vorzüglich ist, um sogar zwei Weinsorten zu rechtfertigen, mit Portwein oder Madeira beschlossen, wobei Käse als beste Zugabe geeignet ist, aber man würde ihn trotzdem vor dem Nachtisch servieren.

Ganz allgemein läßt sich folgender »Fahrplan« aufstellen: Zu frischen, milden, sahnigen, ungereiften Käsen wie allen Frischkäsen, Rahm- und Doppelrahmkäsen, eignen sich ebenso zarte, milde, leichte Weine wie Riesling, Gutedel und Rosé.

Wenig ausgeprägte Käsearomen von Emmentaler, Edamer, Butterkäse, Camembert und Brie, Fontina, frischem Ziegenkäse verlangen Silvaner, Rieslinge, Kerner, Trollinger.

Ausgeprägte, reife, aromatische Käse wie Tilsiter, Appenzeller, Gouda, Provolone werden durch Ruländer, Spätburgunder, Weißburgunder, Morio-Muskat ergänzt.

Ausdrucksstarke Käse wie Romadur, Münster, Limburger, Esrom, Weinkäs, reife Ziegenkäse, Gorgonzola werden mit Lemberger, Trollinger, Burgunder abgerundet.

Vollreife, pikante, kräftige Käse wie Sbrinz, Parmesan, Blauschimmelkäse, alter Gouda, vollreifer Emmentaler erlauben schwere Rotweine, Trollinger und Lemberger, Tokajer, Burgunder, Portweine.

## Käse- und Weinpartys

Es haben uns Ferienreisen, die Medien und gut sortierte Läden zwar anspruchsvoller gemacht, trotzdem gibt es immer noch keinen einfacheren und geschätzteren Party-Spaß für Ihre Gäste als eine große Käseplatte. Es ist keine schlechte Idee, den Käse nach seiner Schärfe zu sortieren und die verschiedenen Sorten vielleicht sogar zu trennen, indem man die zum Weißwein passenden in die Nähe des Weißweins stellt usw.

Wenn Sie nicht gerade Weinhändler sind, der mit einigen neuen Weinsorten werben will, oder wenn es nicht gerade Ihre Absicht ist, die ganze Skala der Geschmackswelt mit einem Male darzubieten, dann halten Sie sich an einen roten und einen weißen Wein und einige ordentliche Stücke einer begrenzten Auswahl von Käse. Besser 1 oder 2 Pfund von wenigen guten Käsesorten, als kleine Stückchen von 8 oder 9 Sorten. Stellen Sie sich vor, wie diese erst aussehen, wenn die Gäste einmal daran gearbeitet haben!

Wieviel Käse sollten Sie kaufen? Die Gäste essen viel weniger, als Sie sich vorstellen – außer sie haben ein vollständiges Essen erwartet. Wenn Sie die Auswahl einfach halten, genügen etwa 50 Gramm pro Besucher. Wollen Sie unbedingt eine größere Auswahl haben, kaufen Sie etwas mehr, ein Zugeständnis an die Gäste, die als Verschwender mehr abschneiden, als sie tatsächlich essen können.

## Käse mit anderen Getränken

Weine, die man zu Hause aus Früchten, Beeren oder Kräutern macht, sind köstliche Partner für Käse. Holunderwein verträgt sich ausgezeichnet mit Blauschimmelkäsen. Und dann gibt natürlich süßes und bitteres Bier zusammen mit Käse eine wirklich großartige Kombination und ist in vielen europäischen Ländern sehr populär, vor allem in solchen ohne Rotweintradition. Weißlacker, Brie, Camembert und Blauschimmelkäse passen sehr gut zu Bier, aber auch die meisten Hartkäse. Käse und Bier geben eine deftige Party, man kann eigentlich nicht viel falsch machen, wenn man verschiedene Sorten Bier serviert.

# Kochen mit Käse

Bestimmte Käsesorten werden in vielerlei Hinsicht für die Küche geschätzt. Die besten Käse-Kochkünste verstellen nicht, sondern entfalten erst die individuellen Eigenschaften von Käse. Jedoch sollten einige Sorten, beispielsweise Blauschimmelkäse, nie für gekochte Mahlzeiten verwendet werden. Die vorgestellte Sammlung von Rezepten ist unvollständig, sie mag als Anregung, auch mit einigen ungewöhnlichen Beispielen, für die Kunst des Kochens mit Käse dienen.

Käse und Käse-Kochrezepte finden offensichtlich ihren Weg in die meisten Kochbücher. Für dieses Buch wurden 20 Rezepte ausgewählt, die oft erprobt sind, obendrein gut schmecken und zum Teil beim Kochen nicht viele Umstände machen. Es gibt Restaurants, die Camembert mit Champagnersuppe anbieten – das mag gut schmecken, aber respektiert das die Eigenart des Camembert?

**Käsnockerl** (ca. 20 Stück)
*1 Ei*
*50 g Butter*
*50 g Emmentaler gerieben*
*50 g Mutschelmehl oder Semmelmehl*
*Salz, Pfeffer, Muskat, Schnittlauch*
Butter mit den anderen Zutaten schaumig rühren, mit Salz, Pfeffer und Muskat abschmecken, Teig ein paar Minuten quellen lassen, mit einem Teelöffel walnußgroße Nockerl abstechen, in kochendem Salzwasser 10 Minuten ziehen lassen, in Tassen mit Fleischbrühe einlegen und mit Schnittlauch überstreuen.

**Kässpätzle** (für 4 Personen)
*250 g Emmentaler geraspelt*
*400 g Mehl*
*4–6 Eier*
*2 El Milch oder kaltes Wasser*
*2 Zwiebeln*
*50–100 g Butter*
*Salz, Pfeffer*
Mehl, Eier, etwas Salz und Milch oder Wasser verrühren, bis ein zäher Teig entsteht. Teig durch einen Spätzleshobel in einen Topf mit kochendem Salzwasser streichen, kurz aufkochen lassen. Wenn die Spätzle oben schwimmen, sie mit dem Schaumlöffel herausnehmen und gut abtropfen lassen. Lagenweise abwechselnd Spätzle und geraspelten Käse in eine Schüssel schichten und warmstellen. Die Butter mit den darin goldbraun gerösteten Zwiebeln über die Spätzle verteilen, etwas Pfeffer darübergeben und servieren. Grünen Salat dazu reichen.

**Allgäuer Pfannkuchen**
(für 1–2 Personen)
*2 Eier (getrennt)*
*2 Eßlöffel Mehl*
*50–100 g Emmentaler geraspelt*
*3–4 El Milch*
*Salz, Pfeffer, Fett zum Backen*
Eigelb, Mehl und Milch gut verrühren, mit Salz und Pfeffer abschmecken, das steifgeschlagene Eiweiß unterziehen, den Teig in die gefettete, nicht zu hei-

**Es gibt viele Möglichkeiten, Käse beim Anrichten von Speisen zu verwenden.**

ße Pfanne geben, den Käse darüberstreuen, zugedeckt bei mittlerer Hitze backen, zusammenklappen und mit Salaten servieren.

**Emmentaler Toast** (für 2 Personen)
*4 Scheiben Weißbrot*
*4 Scheiben gekochter Schinken*
*4 Scheiben Emmentaler*
*3–4 Tomaten in Scheiben geschnitten*
Getoastetes Brot mit Butter bestreichen, mit Schinken, Tomatenscheiben und Käse belegen, bei starker Oberhitze oder unter dem Grill überbakken, bis der Käse weich, aber noch nicht braun ist.

**Kartoffel-Käse-Auflauf**
(für 4 Personen)
*1 kg rohe Kartoffeln, geschält*
*200 g Emmentaler geraspelt*
*¹/₄ l Milch*
*¹/₈ l saure Sahne (Sauerrahm)*
*50 g Butter*
*Salz, Pfeffer, Muskat*
Die Kartoffeln in hauchdünne Scheiben schneiden oder hobeln, in eine gefettete Auflaufform geben, den Käse untermischen, Milch und Sahne mit Salz, Pfeffer und Muskat verquirlen und darüber gießen, mit Butterflöckchen belegen, im vorgeheizten Ofen bei 250 °C garen; evtl. mit Alufolie abdecken, wenn die Oberfläche gebräunt und das Gericht noch nicht gar ist. Schinken roh oder gekocht, Würstchen oder kalten Braten und grünen Salat dazu reichen.

**Bayerisches Steak** (für 4 Personen)
*8 Scheiben Fleischwurst oder Leberkäs*
*4 Scheiben Emmentaler*
*Mehl, Ei und Semmelbrösel zum Panieren*

Zwischen zwei Scheiben Wurst oder Leberkäs eine Scheibe Emmentaler legen, mit Zahnstochern zusammenheften, in Mehl, geschlagenem Ei und Semmelbröseln wenden, in der Pfanne goldgelb braten. Brot oder Kartoffeln und Salat dazu reichen.

**Ramequin mit Schinken**
(für 4 Personen)
*8 Scheiben Toastbrot*
*8 Scheiben roher oder gekochter Schinken*
*150 g Emmentaler in 8 Scheiben*
*8 El Weißwein*
*3 Eier (geteilt)*
*¹/₄ l Milch*
*¹/₄ l Rahm*
*Salz, Paprika, Muskat, Schnittlauch*
Toastbrot goldgelb rösten, auf jede Scheibe einen Eßlöffel Wein träufeln und je mit einer Käse- und Schinkenscheibe belegen, Paprika darüberstäuben. Alles dachziegelartig in eine gefettete feuerfeste Form schichten. Eigelb, Milch, Rahm, Salz und Muskat verquirlen, das steifgeschlagene Eiweiß unterziehen, über die Brotscheiben gießen und mit Schnittlauch bestreuen. Im vorgeheizten Ofen auf der untersten Schiene ca. 30 Minuten bei 200 °C backen. In der Form servieren. Salate dazu reichen.

**Lothringer Käsekuchen**
**(Quiche Lorraine)** (4–6 Personen)
*1 Paket Blätterteig, tiefgefroren*
*300 g Emmentaler oder Bergkäs*
*100 g gekochter Schinken (oder durchwachsener Speck)*
*2 Eier*
*1 Becher Rahm*
*Salz, Pfeffer, Paprika oder Muskat*
Eine gefettete Springform dicht mit

dem aufgetauten und ausgerollten Teig auslegen, Teigboden mit der Gabel anstechen, entweder etwa 15 Minuten vorbacken oder gleich mit Käse- und Schinkenscheiben belegen, Eier mit Rahm und den Gewürzen verquirlen, über den Belag gießen, etwa 45 Minuten bei 225 °C backen. In 8 bis 12 Stücke schneiden, heiß servieren. Dazu paßt grüner Salat.

## Neuenburger Fondue
(für 4–6 Personen)
*300 g Emmentaler geraspelt*
*300 g Greyezer oder Tilsiter geraspelt*
*200 ccm herber Weißwein*
*1 Teel. Maizena*
*etwas Zitronensaft*
*1 Glas Kirschwasser*
*Pfeffer, Muskat*
Den Käse mit dem Wein in einem irdenen Tiegel oder einer feuerfesten Glasschüssel auf dem Herd unter ständigem Rühren mit einem Holzlöffel schmelzen (Kenner reiben den Tiegel vorher mit einer Knoblauchzehe aus), Maizena mit Zitronensaft und etwas Weißwein anrühren und unter Rühren dem Käse hinzufügen, mit Kirschwasser, Pfeffer und Muskat würzen, auf einem Rechaud weiter wärmen. Weißbrotwürfel, auf Fonduegabeln gespießt, eintauchen und verzehren.

## Käsewähen (für 4–6 Personen)
*1 Paket Blätterteig tiefgefroren*
*250 g durchwachsener Speck*
*1 El Semmelbrösel*
*250 g Emmentaler*
*$^1/_8$ l Sauerrahm*
*3 Eier*
*Salz, Paprika*
Blätterteig auftauen und ausrollen, Kuchenblech etwa 3 mm dick damit

belegen, so daß die Ränder hochstehen, mit Semmelbröseln bestreuen, Speck und Käse fein würfeln, auf dem Teig verteilen, Rahm mit Eiern, Salz und Paprika verquirlen und darüber gießen. Etwa 30 Minuten bei mittlerer Hitze backen. In Stücke schneiden und heiß servieren. Salate dazu reichen.

## Käserösti (für 4 Personen)
*1 kg Kartoffeln gekocht*
*100 g Emmentaler geraspelt*
*100 g Butter*
*Salz, Pfeffer*
Kartoffeln fein schneiden, mit Salz und Pfeffer würzen, in der Butter braten, mit dem Käse mischen und zu einem Kuchen zusammendrücken, evtl. mit einer Scheibe Emmentaler bedekken, zudecken und warten, bis der Käse geschmolzen ist.

## Flambierter Camembert
(für 4 Personen)
*4 Camembert-Halbmonde, nicht reif*
*Knoblauchsalz und Paprikapulver gemischt*
*Mehl*
*Ei geschlagen*
*Semmelbrösel*
*Ausbackfett*
Die Käse je in 2 flache Scheiben schneiden, die Schnittflächen in die Knoblauch-Paprika-Mischung drükken, dann die Käsehälften in Mehl, Ei und Semmelbröseln panieren, 20 Sekunden schwimmend im Fett ausbakken. Auf eine vorgewärmte Platte legen, mit Escorial grün oder angewärmtem Rum (über 50%) beträufeln, anzünden und sofort servieren. Dazu frischen Toast reichen.

**Käsecocktail** (für 4 Personen)
*200 g Emmentaler gewürfelt*
*200 g gekochter Schinken gewürfelt*
*5 halbe Birnen aus der Dose, gewürfelt*
*Mayonnaise, Sauerrahm, Curry, Obstler*
Käse und Schinken mischen und in Cocktailgläser füllen, Mayonnaise mit Sauerrahm und Curry verrühren und darüber geben, Birnen darauf verteilen und mit dem Obstler beträufeln.

**Lumpensuppe** (für 4 Personen)
*200 g Käse z. B. Romadur, Weinkäs oder Limburger*
*125 g Pressack oder Speckwurst, Blutwurst o. ä.*
*1/2 l Sauerrahm*
*Essig, Öl, Salz, Pfeffer, Senf, Zwiebeln*
Käse putzen und in Scheiben schneiden, Wurst würfeln, beides mischen; Rahm mit Essig, Öl, Pfeffer und Salz gut verrühren und darüber gießen. Mit Senf abschmecken und mit Zwiebelringen garnieren.

**Saurer Käs** (für 2 Personen)
*200 g deftiger Käse (Schmierkäse oder Sauermilchkäse)*
*Zwiebeln*
*Essig, Öl, Pfeffer, Salz, Senf*
*Kümmel oder Schnittlauch*
Den Käse putzen und in Würfel schneiden, Zwiebelringe darauflegen, eine Marinade aus Essig, Salz, Pfeffer, Senf und Öl herstellen und den Käse damit anfeuchten. Kümmel oder Schnittlauch darüber streuen.

**Obatzter** (1 Portion)
*1 reifer Camembert*
*30 g Butter*
*Zwiebel, Paprika, Pfeffer, Kümmel*

Den Käse mit der Gabel zerdrücken und mit der Butter mischen; die kleingehackte Zwiebel, Pfeffer, Paprika und evtl. Kümmel unterziehen.

**Allgäuer Toast** (für 4 Personen)
*8 Scheiben Toastbrot*
*ca. 200 g Fleischwurst oder Lyoner*
*1–2 große Zwiebeln*
*8 Scheiben Tilsiter Käse*
*Senf*
*Tomatenketchup*
*Butter*
Die getoasteten Weißbrotscheiben mit Butter bestreichen, die Wurst in Scheiben schneiden und darauf verteilen, gut mit Senf bestreichen, Zwiebelringe darauf verteilen, mit den Käsescheiben bedecken, darauf Tomatenketchup streichen und im vorgeheizten Grill einige Minuten erhitzen, bis der Käse weich wird. Heiß servieren.

**Französische Zwiebelsuppe**
(für 4 Personen)
*1 l kräftige Fleischbrühe*
*200 g feingeschnittene Zwiebeln*
*200 g Emmentaler (oder Sbrinz oder Parmesan) gerieben*
*1 El Schweineschmalz*
*4 geröstete Weißbrotscheiben*
*Salz, Pfeffer*
Zwiebeln im Schmalz goldbraun rösten, mit der Fleischbrühe aufgießen, mit Salz und Pfeffer abschmecken, 20 bis 30 Minuten kochen lassen. Die gerösteten Weißbrotscheiben in tiefe Teller legen, dick mit Käse bestreuen, die Zwiebelsuppe darübergeben, kräftig mit Pfeffer abschmecken.

**Obatzter – ein köstliches Vesper.**

**Käsesoufflé** (für 4 Personen)
*150 g Emmentaler oder Gouda*
*30 g Butter*
*30 g Mehl*
*75 g gehackte Mandeln*
*3 Eier (geteilt)*
*¹/₄ l Milch*
*Salz, Paprika*
Aus Butter, Mehl und Milch eine helle
Mehlschwitze bereiten, den Topf von
der Kochstelle nehmen, den geriebenen Käse und die gehackten Mandeln
dazugeben. Sobald der Käse geschmolzen ist, die Eigelb verrühren,
mit Salz und Paprika würzen und zuletzt die zu steifem Schnee geschlagenen Eiweiß unterheben. Die Masse in
eine gut gefettete Auflaufform füllen
und im vorgeheizten Ofen 15 bis 20
Minuten bei guter Mittelhitze backen.
Sofort servieren.

**Mexikanische Tortillas**
(für 4 Personen)
*50 g Emmentaler (oder Gouda oder*
*Sbrinz)*
*5 Eier*
*3 Tassen gekochte Nudeln (Spaghetti*
*oder Makkaroni)*
*100 g Speck*
*Salz, Schnittlauch*
Eier verquirlen, den geriebenen Käse,
Salz und die gekochten, erkalteten
Nudeln hinzufügen. Den Speck würfeln und in einer Pfanne goldgelb braten. Aus der Masse kleine flache Fladen formen und in dem angerösteten
Speck von beiden Seiten braten.
Reichlich mit Schnittlauch bestreuen
und servieren.

## Weitere Tips für die Küche

Reste von Hartkäse ergeben gute
Kekse: Käse reiben, mit Mehl und
Wasser zu einem festen Teig verarbei-
ten, eine Prise Salz und Pfeffer oder
Cayenne dazugeben. Dünn ausrollen,
in Streifen schneiden oder runde Formen ausstechen, bei mäßiger Temperatur knusprig backen.
Sauerkraut-Toast ist eine herzhafte
Variante der Brot-Käse-Kombina-
tion: Weißbrot einseitig toasten, war-
mes Sauerkraut, gepökeltes Rindfleisch, Pfeffer und zuletzt eine dicke
Scheibe Emmentaler darauf geben.
Vor dem Servieren mit Paprika oder
Kümmel bestreuen. Das ergibt eine
kräftige Vesper.
Zum Abendessen kann man eine ge-
backene Kartoffel aufschneiden und
mit geriebenem Käse füllen (Greyezer
und Emmentaler eignen sich am besten). Butter dazu reichen und etwas
saure Sahne oder Milch. Mit Sellerie-
salz, Muskat oder Paprika würzen.
Schnittkäse eignen sich vortrefflich für
überbackene Käsebrötchen. Sie können der Grundmischung für Welsh
Rarebits (s. u.) beinahe alles zusetzen,
von Anchovis bis zu Schinken oder
Ananas.
Käsewürfel schmecken auch in Salaten köstlich; die Griechen nehmen Feta dafür.
Wenn Parmesan als Reibkäse zu teuer
ist, schauen Sie sich nach den geripp-
ten, gelben, runden Pecorinos aus Sardinien oder Italien um. Diese Sorten
eignen sich auch sehr gut zum Reiben
oder auch für kleine Käsehappen.
Sahnefrischkäse ist die Grundlage für
ein delikates Eis-Dessert: Fügen Sie
gefrorene Maronen, kandierte Früch-

te und Orangen- oder Kaffeelikör hinzu. Im Tiefkühlfach frieren.

Zum Abschluß einer Mahlzeit können Sie einen Apfel mit geriebenem Käse überbacken oder eine Pastete abwechselnd mit Apfelstückchen und Käsewürfeln füllen.

Die meisten Gemüse haben einen Hang zum Käse. Es wirkt anregend, wenn Sie Gemüse beim Anrichten mit Reibkäse bestreuen. Ebenso können Sie Auberginen oder Tomaten mit einem Gemisch aus Reibkäse, Semmelbröseln und Kräutern füllen.

Käse über eine Suppenschüssel gerieben ist eine wohlschmeckende Beilage: Klassisch ist Gruyère auf Zwiebelsuppe. Die Holländer reiben Gouda in ihre Erbsen- und Schinkensuppe.

Oder mischen Sie bei Ihrer nächsten Fischpastete Käse unter die Kartoffelbeigabe. Zur Anreicherung der Mahlzeit können Sie die Pastete mit einer Käsegebäck-Mischung krönen.

Ein einfach zu bereitender Partyhappen: Einzelne Selleriestangen mit einer Creme aus schaumig gerührter Butter und Blauschimmelkäse füllen.

Sahnefrischkäse, selbst garniert, kann so gut aussehen wie die importierten Sorten im Laden. Wollen Sie ihn auch noch selbst herstellen, entwässern sie einfach die gelabte Vollmilch auf die übliche Art in einem Tuch. Dann füllen Sie Ihren Frischkäse in eine Form, möglichst mit Löchern. Fertig gekauften Vollmilchquark drücken Sie gleich in eine Form. Zum Anrichten wird der Quark auf eine Platte gestürzt und mit Walnüssen, Pistazien oder anderen Nüssen dekoriert. Das Ergebnis ist hübsch anzusehen und entlastet Ihren Geldbeutel.

Ein bei Kindern beliebtes Dessert entsteht auf einfache Weise, wenn Sie Sahnefrischkäse formen und mit frischen Erdbeeren oder Himbeeren im eigenen Saft bedecken.

Käse, unter Zugabe von Senf, etwas Worcestersauce und evtl. Pfeffer mit Bier erwärmt, auf Toast gestrichen und kurz gegrillt, ergibt »Welsh Rarebits«. Aus den gleichen Zutaten (70 bis 140 ml Bier auf 400 g geriebenen Chesterkäse und etwas Worcestersauce) kann man auch eine Soße herstellen und diese wie eine Käsefondue mit Weißbrotwürfeln servieren.

# Käseführer durch Europa

Es ist einfach unmöglich, sämtliche Käsesorten dieser Welt zu registrieren. Außerdem hat es auch wenig Sinn, örtliche Spezialitäten aufzuzählen, die außerhalb des Dorfes, in dem sie hergestellt werden, nicht erhältlich sind. Dieser Führer stellt eine Reihe moderner Käsesorten vor, die – dank neuzeitlicher Verteilungstechniken und Kühlverfahren – allgemein erhältlich sind. Die Meinungen darüber, welche Sorten von Käse in einem sol-

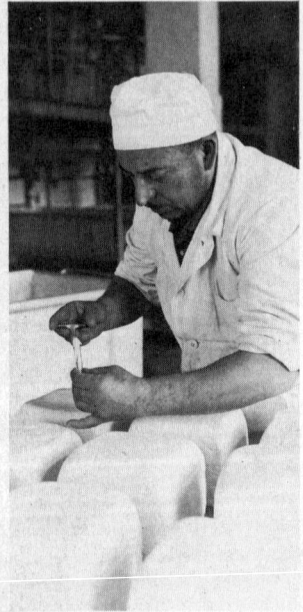

**Rußlands bekanntester Käse ist der Chanakh. Hier wird ein Böhrling von einem Experten geprüft.**

chen Führer enthalten sein sollten, werden natürlich auseinandergehen, aber ich hoffe, hier doch eine wirklich grundlegende Liste vorzustellen. Beachten Sie bitte, daß im Handel oft der gleiche Käse unter verschiedenen Namen geführt wird.

Da dieser Abschnitt ein praktischer Führer für das Einkaufen von Käse sein soll, können aufregende Geschichten über die einzelnen Sorten nicht erzählt werden. Legenden, die um einen besonderen Käse entstanden sind, geben zwar faszinierende Tischgespräche ab, sie werden Ihnen jedoch nicht helfen, die beste Sorte in der Kühltheke eines Supermarktes auszuwählen.

Im folgenden Führer wird jedes geographische Gebiet durch allgemeine Besprechung seiner Käsesorten vorgestellt, gefolgt von einer Informationsliste der bekanntesten und am häufigsten exportierten Sorten. Die praktische Information beinhaltet auch, wie der Käse aussehen und wie er riechen und schmecken soll.

**Käse als Dessert – zum Nachtisch. Eine gute Gelegenheit für den reinen Käsegenuß. Zuerst wird man zu einem milden Käse, wie z. B. Edamer oder Camembert, greifen, und mit einem pikanten Käse, wie dem Edelpilzkäse, schließen.**

# Käse aus Deutschland, aus der Schweiz, aus Holland und aus Österreich

Die Käse aus Deutschland, der Schweiz und Holland haben mehr Gemeinsames, als ein erster Blick auf die unglaublich kontrastreiche Vielfalt vermuten läßt.

Während Holland und Deutschland auf dem Wege von jedem Möchtegern-Eroberer lagen, die Schweiz dagegen das traditionell neutrale Refugium für diejenigen war, die solche Konflikte vermeiden wollten, gab es doch einen immerwährenden Erfahrungsaustausch über Käse zwischen diesen Ländern. Die frühe Einrichtung von internationalen Handelszentren in Holland und Deutschland garantierte auch die fortwährende Übermittlung technischer Kenntnisse. Es ist unmöglich, ganz genau die gleichen Käsesorten mit der Milch der braunen Schweizerkuh herzustellen wie mit der der scheckigen Friesenkühe in den Marschlanden. Das Gras ist anders, und das Leben in den Alpen, wo die Hirten und ihre Kühe den ganzen Sommer lang auf den Hochweiden verschwinden, hat nichts gemein mit den Ländern, wo die Herde vor der Haustür weidet und oft noch unter dem gleichen Dach wohnt. Doch gegenseitige Anregungen, nicht so sehr direktes Nachahmen, führten schon zu einer sehr frühen Vereinheitlichung

**Bunt geschmückt kehrt das Vieh im Herbst von den Bergweiden ins Tal zurück.**

des grundsätzlichen Verfahrens der Käseherstellung in diesen Ländern.
Die Schweiz ist seit dem 13. Jahrhundert Lieferant von feinen, langlebigen, stark gepreßten, »gebrannten« Käsesorten, nachdem über den St. Gotthard-Paß eine Handelsstraße zwischen Italien und den anderen Teilen Europas eröffnet worden war. Die Käselaibe waren damals viel kleiner, aber die Entwicklung bis zur Mitte des 16. Jahrhunderts brachte die großen, goldgelben »Wagenräder«, die auf Barken den Rhein bis hin zu den Hafenmärkten in Holland hinuntergeflößt wurden.

Diese Käse wurden in den Bergen von nur wenigen Männern, den Sennen, gemacht. Der tägliche Milchertrag wurde zusammengetragen und an ei-

**Schweizer Bauern sind versammelt, um den im Sommer in den gemeinschaftlichen Alpensennereien hergestellten Käse in gerechten Anteilen mit nach Hause zu nehmen.**

nem zentralen Ort verarbeitet. Bis die Zeit kam, die Kühe zum Winteraufenthalt wieder ins Tal zurückzuführen, wurden die Käse gemeinsam gelagert. Zwei wichtige Feste fallen in diese Jahreszeit, die beide noch in der hergebrachten Weise gefeiert werden: Die große Verteilung der Käse-Ernte und die feierliche Prozession der Milchtiere hinunter von der Alp, die »Alpabfahrt«. Die langen Züge der Kühe, mit riesigen Glocken um den Hals und einige mit buntem Kopf-

**87**

schmuck, werden vom ganzen Dorf willkommen geheißen, und natürlich herrscht auch Freude über die Heimkehr der Hirten zu ihren Familien.

Viel Verwirrung gibt es darüber, welcher Schweizer Käse die Löcher hat. Wenn er aus der Schweiz kommt, ist es Emmentaler. In Frankreich hat der Gruyère die Löcher und Emmentaler keine. Es gibt auch einen wichtigen Unterschied in den Kocheigenschaften von Gruyère und Emmentaler. Der mildere Emmentaler neigt durch die Brucherhitzung zum Fädenziehen, der fruchtigere Gruyère tut das nicht. Eine Mischung von beiden ergibt ein Fondue mit ausgewogenem Geschmack und gleichmäßiger Struktur. Heute sind solche Käse nicht mehr nur ein ausschließliches Produkt der Berge, denn man entdeckte, daß das Weiden im Tal und zusätzliche Fütterung mit modernen Futtermitteln Milch und Käse ergeben, die von den »echten« nicht mehr zu unterscheiden sind.

»Appenzeller« aus den Bergen hat einen besonderen Anspruch auf Ruhm, denn er wurde im 8. Jahrhundert von irischen Mönchen in der Schweiz eingeführt, und der heilige Brendan soll um die gleiche Zeit als erster Europäer den amerikanischen Kontinent entdeckt haben. Auf seiner Expedition (1977) hatte der Ire Tim Severin, der den Seeweg von Sankt Brendan nach Amerika in einem offenen Lederboot wieder besegelte, eben diesen binationalen Appenzeller unter seinen Vorräten, um die Eintönigkeit der Ernährung mit geräuchertem Fleisch und Salzfisch auszugleichen.

Die berühmten holländischen Goudas und Edamer gehörten zu den allerfrühesten internationalen Bestsellern. Organisierte Handelszentren für Milchwirtschaftsprodukte wurden in der Mitte des 13. Jahrhunderts in Haarlem für den Verkauf und die Verteilung von Käse eingerichtet. Zur gleichen Zeit kauften schon englische Handelsleute regelmäßig Käse in Gouda. Obwohl es eine Stadt mit dem Namen Edam gibt, ist doch heute die Stadt Alkmaar Zentrum für den Käsehandel mit Edamer. Alkmaar ist auch eine von Hollands wichtigsten Fremdenverkehrsstädten und zudem immer noch ein sehr bedeutender Handelsort. Jeden Freitag können Sie Käseträger mit Strohhüten sehen, die ihre leuchtend rote Ware auf langen hölzernen Schlitten zum Verkauf anbieten, genau wie im Mittelalter.

Die meisten anderen echt holländischen Käsesorten sind Variationen von Gouda und Edamer.

Deutschlands wichtigste Käse sind, mindestens in Bezug auf den deutschen Eigenverbrauch, Frischkäse mit unterschiedlichem Fettgehalt, vor allem Quark. Im Ausland weit besser bekannt sind drei stark riechende Käse, von denen einer echt deutsch ist, die beiden anderen jedoch nicht. Die erstere Sorte ist der sogenannte »Handkäse«, aus Sauermilchquark hergestellt. Die gleichfalls sehr stark riechenden »Limburger« und »Münsterkäse« sind ursprünglich belgisch bzw. französisch, aber man hat in Deutschland mit deren Herstellung, besonders mit Limburger und seinen Abkömmlingen, so viel Erfolg gehabt, daß sie jetzt als echt deutsche Käse angesehen werden. Ein echter deutscher Schnittkäse ist der Tilsiter.

## Deutsche Käsesorten

### Bergkäse

Außen griffeste, geschlossene, dunkelgelb bis bräunlich schattierte Rinde, leicht nach außen gewölbte Randfläche. Innen einfarbig mattgelb, geschlossen bis geringe erbsengroße Lochung, je nach Art fester bis mittelfester, elastischer Teig. Geruch und Geschmack je nach Alter mild bis kräftig, würzig, nußkernartig.

Hartkäse, immer aus Rohmilch hergestellt, Gewicht 15 bis 50 kg, immer 45% Fett i. Tr., runde, flache Laibe, zu Blöcken oder Scheiben aufgeschnitten.

### Brie

Außen gleichmäßig mit Camembertschimmel bedeckt, an den Rändern kann Rotschmiere sein. Innen Farbe des Teiges weiß bis rahmgelb, im Teig außer einigen Bruchlöchern keine Löcher, Teig in gereiftem Zustand geschmeidig. Geruch und Geschmack aromatisch, leicht säuerlich bis leicht pikant.

Weichkäse, Reifung nur mit Kulturen von Camembertschimmel, meist 50% Fett i. Tr., 1 bis 3 kg, portioniert in Stücken von 100 bis 1000 g, in Alu- und Kunststoffolie.

## Butterkäse

Außen geschmeidige Haut von gelbbrauner, rötlicher Farbe, die Haut kann auch fehlen. Innen Schnittfläche des Teiges mit gelblichem Farbton, Teig möglichst ohne Lochung, halbfest bis schnittfest und durch die ganze Masse gleichmäßig gereift. Geruch und Geschmack mild und feinsäuerlich.

Halbfester Schnittkäse, 250 g bis 6 kg, meist 50% Fett i. Tr., flache, runde Form, in Alu- oder Schrumpffolie verpackt.

## Camembert

Außen gleichmäßig mit Camembertschimmel bedeckt, an den Rändern kann Rotschmiere sein. Innen Farbe des Teiges weiß bis rahmgelb, im Teig außer einigen Bruchlöchern keine Löcher, im gereiften Zustand geschmeidig. Geruch und Geschmack mild aromatisch.

Weichkäse, Reifung nur mit Kulturen von Camembertschimmel, von 30% Fett i. Tr. bis über 60% Fett i. Tr., meist 45% Fett i. Tr., 80 bis 400 g, in perforierter Alufolie, in vielen Formaten erhältlich.

## Chester

Außen lückenlos geschlossene Oberfläche. Innen hellgelb bis orange, schlitzförmige Bruchlochung, nichtkrümeliger Teig, auf der Zunge schmelzend. Geruch und Geschmack schwach säuerlich bis leicht pikant.

Hartkäse, Gewicht über 20 kg, meist 45% Fett i. Tr., in erster Linie als Schmelzrohware hergestellt.

## Edamer

Außen trockene, glatte Rinde, auch mit einem leichten weißlich-graugrünen Schimmelbelag, die Rinde kann auch fehlen. Innen elfenbeinfarbig bis goldgelb, mattglänzend, nur vereinzelte Lochung von runder oder ovaler Form bis Erbsengröße; geschmeidiger, sich fettig anfühlender Teig, weicher als Gouda. Geruch und Geschmack mild und rein.

Schnittkäse, meist 40% Fett i. Tr., gewachst oder in Folie, Kugel- oder Brotlaibform, Gewicht 0,3 bis 20 kg.

## Edelpilzkäse

Außen soll die Durchlöcherung für das Pilzwachstum erkennbar sein. Innen weißer bis gelblicher Farbton, der Teig muß von dunkelgrünen bis blauen Schimmeladern durchzogen sein, marmorierte Schnittfläche, im Teig Bruchlöcher, leicht krümelig, dabei jedoch geschmeidig. Geruch und Geschmack pikant bis stark pikant. Reifung stets mit Kulturen von Penicillium roqueforti.

Halbfester Schnittkäse, meist 50% Fett i. Tr., Gewicht 2 bis 5 kg, in Alu- oder Kunststoffolie.

## Emmentaler

Außen griffeste, goldgelbe bis bräunliche, glatte Rinde mit leicht nach außen gewölbter Randfläche. Innen mattgelb, möglichst regelmäßig verteilte Kirschlochung, geschmeidiger und elastischer Teig. Geruch und Geschmack mild aromatisch, nußkernartig.

Hartkäse, immer aus Rohmilch hergestellt, Gewicht 40 bis 130 kg, im Durchschnitt 75 kg, immer 45% Fett i. Tr., runde, etwa 20 cm hohe Laibe, zu Blöcken oder Scheiben aufgeschnitten.

## Gouda

Außen wie ein Edamer. Innen elfenbeinfarbig bis gelb, mattglänzend, runde oder auch ovale Lochung von etwa Erbsengröße, gleichmäßig im Teig verteilt, jedoch nicht sehr zahlreich, fester, aber noch geschmeidiger Teig. Im Geruch und Geschmack mild bis leicht pikant, jedoch nicht säuerlich.

Schnittkäse, Gewicht 0,3 bis 30 kg, meist 48% Fett i. Tr., Kugel- oder runde Laibform, gewachst oder mit Folie überzogen.

## Handkäse (Bauernhand-, Korb-, Stangen-, Spitzkäse)

Entweder wie Harzer-Käse oder als Edelschimmelkäse: Außen gleichmäßig mit Camembertschimmel bedeckt. Innen weißlicher bis leicht gelblicher Farbton, geschmeidig fester Teig. Geruch und Geschmack mild-aromatisch bis leicht pikant.

Sauermilchkäse, entweder mit Schmiere oder mit Camembertschimmel, 25 bis 125 g schwer, in vielen Formen, ohne Fett i. Tr., in Klarsichtfolie.

## Harzer-Käse, Mainzer-Käse

Außen glatte Oberfläche mit goldgelber bis rötlichbrauner Schmiere. Innen weißlicher bis leicht gelblicher Farbton, geschmeidiger, fester Teig. Geruch und Geschmack mild pikant bis pikant.

Sauermilchkäse, Reifung nur mit Gelb- oder Rotschmiere, 25 bis 125 g schwere, runde Käschen, ohne Fett i. Tr., sehr ähnlich wie Olmützer Quargel, aber kleiner.

## Kräuterkäse

Außen glatte, auch etwas rauhe Oberfläche von hellgrünem Farbton. Innen an der Schnittfläche hellgrüner Farbton wie außen, keine Lochung, weichschnittiger bis fester Teig. Geruch und Geschmack aromatisch-pikant.

Sauermilchkäse aus Zigerquark (Magermilch oder Molke), Zusatz von Zigerklee und Kräutern, 50 bis 500 g schwer, ohne Fett i. Tr.

## Limburger

Außen geschmeidige Haut mit gelbbrauner bis rötlicher Schmiere. Innen Schnittfläche des Teiges mattglänzend weiß, angereifte Teigmasse bis hellgelb, im Teig nur wenige Bruchlöcher, weichschnittig, jedoch nicht von fließender Beschaffenheit. Geruch und Geschmack würzig bis pikant.

Weichkäse, Gewicht 180 bis 1000 g, meist 45% Fett i. Tr., längliche, viereckige Stangenform, in kaschierter Alufolie verpackt.

## Münsterkäse

Außen gelblich-rote Schmiere mit guter Hautbildung. Innen weißgelbe Schnittfläche, geschmeidiger, geschlossener Teig. Geruch und Geschmack mild und fein.

Weichkäse, Gewicht 80 bis 1000 g, meist 45% Fett i. Tr., kleine und größere, runde, flache Käse in kaschierter Folie.

## Rahmfrischkäse und Doppelrahmfrischkäse

Außen milchweißer bis schwach gelber Farbton. Innen keine Lochung, pastenartiger und streichfähiger Teig. Geruch und Geschmack leicht feinsäuerlich.

Frischkäse, 50% und über 60% Fett i. Tr., in vorgefertigten Packungen oder Alufolie für 50 g bis 200 g.

## Romadur

Außen geschmeidige Haut mit gelbbrauner bis rötlicher Schmiere. Innen Schnittfläche des Teiges mattglänzend weiß, angereifte Teigmasse bis hellgelb, im Teig nur einige Bruchlöcher, weichschnittiger Teig, jedoch nicht von fließender Beschaffenheit, Geruch und Geschmack mild bis leicht pikant.

Weichkäse, Gewicht 80 bis 180 g, von 20% Fett i. Tr. bis über 60% Fett i. Tr., Rechteckform in kaschierter Alufolie.

## Schichtkäse

Außen milchweißer bis rahmgelber Farbton. Innen Schnittfläche des Teiges mattglänzend, im Inneren sollen Schichten erkennbar sein, gelbliche Schichten müssen fettreicher als helle-

re Schichten sein, im Teig nur wenige Bruchlöcher, zartgeschmeidiger und formfester Teig. Geruch und Geschmack rein milchsauer.

Frischkäse, quadratisch geformt, 10% und 20% Fett i. Tr., Gewicht 250 g.

## Speisequark

Außen milchigweißer bis rahmgelber Farbton. Innen Teig gleichmäßig weich, zart-geschmeidig bis pastenartig. Geruch und Geschmack leicht rein milchsauer.

Frischkäse, ungeformt, 0%, 20% und 40% Fett i. Tr., in vorgefertigten Kunststoffpackungen oder wasserdichten Beuteln.

## Steinbuscher

Außen gelbbraun bis rötlich, möglichst wenig Schmiere. Innen angereifte Teigmasse gelb, wenige Bruchlöcher, davon wenige runde Löcher, geschmeidiger Teig. Geruch und Geschmack mild bis leicht pikant.

Halbfester Schnittkäse, 200 bis 1000 g, meist 45% Fett i. Tr., in kaschierter Metallfolie, quadratisch.

## Tilsiter

Außen gut abgetrocknete Schmiere, auch gewaschen nach abgeschlossener Reifung, auch rindenlos. Innen elfenbeinfarbig bis hellgelb, Löcher in Schlitz- oder Gerstenkornform, daneben runde Löcher, Teig geschmeidig, jedoch nicht kurz oder bröckelig. Geruch und Geschmack leicht herb bis pikant, auch leicht säuerlich, jedoch nicht sauer.

Schnittkäse, 1,5 bis 20 kg, meist 45% Fett i. Tr., in kaschierter Metallfolie, gewachst oder in Kunststoffolie.

**Weißlacker**

Außen weißgelbe Oberfläche, bedeckt mit dünnflüssiger, lackartiger Schmiere. Innen helle Schnittfläche, nur wenige Bruchlöcher, sonst keine Lochung, durch die ganze Masse gleichmäßig gereift. Geruch und Geschmack stark pikant bis scharf.

Halbfester Schnittkäse, 1 bis 2 kg schwer, meist 45% Fett i. Tr., in Per-

gament oder Alufolie verpackt, heute meist in Kleinpackungen zu 62,5 g schweren Würfeln aufgeschnitten.

## Wilstermarschkäse

Außen glatte Oberfläche, auch rindenlos. Innen geschmeidiger, aber schnittfester Teig mit speckigem Griff und glänzender Schnittfläche, blaßgelb bis weißlichgelb, gleichmäßige, feinporige Bruchlochung. Geruch und Geschmack leicht säuerlich und leicht herb.

Schnittkäse, 1,5 bis 6 kg, meist 45% Fett i. Tr., meist gewaschen und in Schrumpffolie verpackt, Brotlaibform.

Außer den genannten Käsen, die nach der deutschen Käseverordnung als Standardsorten bezeichnet werden, werden noch eine Reihe anderer Käse hergestellt, alle mehr oder weniger an die Standardsorten angelehnt, z. B. Viereckhartkäse und Felsbergkäse nach Emmentalerrezept; Geheimratskäse wie kleine Edamer; Trappistenkäse, gepreßt, sonst wie Tilsiter; Mainauer wie Münsterkäse, aber mit Nachwärmen des Bruches; Weinkäse nach Romadurart, aber kleiner und rund; Tettnanger wie Weichkäse mit Schimmelbildung; Renchtäler wie Rahmfrischkäse und andere mehr.

In der DDR finden sich auch Tiefländer als eine Art Emmentaler, Tollenser, hergestellt wie Tilsiter, und Altenburger Ziegenkäse, ein Weichkäse mit Rotschmierebildung.

## Schweizer Käsesorten

Die Schweiz ist das Ursprungsland des **Emmentalers** und des **Greyezers**, der bekanntesten Hartkäsesorten. Der erstere ist der Vater des beschriebenen Allgäuer Emmentalers, der Greyezer oder Gruyère entspricht im wesentlichen dem deutschen Bergkäse.

Eine Besonderheit ist der **Appenzeller**.

Außen eine gelb-braune, feuchte Schmiere mit deutlichem Geruch. Innen Schnittfläche gelblich, speckig, schnittfest, einzelne erbsengroße Löcher. Geruch und Geschmack aromatisch-mild bis kräftig würzig, vollreif.

Hartkäse, Rotschmiere, 6 bis 8 kg schwer, runde Laibe, etwa 25 cm Durchmesser, meist 50% Fett i. Tr., in kaschierter Alufolie.

Weiter ist bemerkenswert der **Sbrinz** (oder Spalenkäse).

Außen Rinde fest, trocken, gelbbraun. Innen blaßgelblich, fest, mürbe, vereinzelte Löcher. Geruch und Geschmack aromatisch, pikant, nußkernartig.

Hartkäse, sehr lange gereift, runde, hohe Laibe mit 15 bis 45 kg Gewicht, 45% i. Tr., geschnitten, gebrochen oder gehobelt.

Ganz ähnlich ist der **Saanenkäse** zum Reiben.

Die schweizer Tilsiterart ist ein gepreßter Käse, der daher auch runde Gärlöcher aufweist. Daraus entwickelt wurden Abarten, wie **Royalp-Käse** und **Thurgauer**.

Die **Raclette-Käse** werden in großer Vielfalt erzeugt und meist am Feuer oder einer elektrischen Heizquelle geschmolzen. Sie sind außen von einer zähen, braunen Schmiere bedeckt, in-

Schweizer
Emmentaler und
obenauf Greyezer.

Die schweizer
Raclette-Käse eignen
sich besonders zum
Schmelzen am Feuer;
wenn der Käse auf der
dicht an ein Holzfeuer
gehaltenen
Schnittfläche langsam
weich wird, streicht
man ihn mit einem
Messer herunter über
einen Teller mit
heißen Kartoffeln und
pikanten Gürkchen.

95

nen blaßgelb und schnittfest und haben wenige kleine Löcher. Ihr Geruch und Geschmack ist aromatisch, würzig, leicht scharf.

Sie sind Schnittkäse in flachen, etwa 7 kg schweren Laiben und werden gewöhnlich halbiert, um sie auf der Schnittfläche anschmelzen und mit einem flachen Messer auf einen Teller abstreifen zu können.

Die Besonderheit der Westschweiz ist der **Tête de Moine**.

Außen rotbraune, trockene Schmiere; innen blaßgelb, wenige erbsengroße Löcher; Geruch und Geschmack ausgeprägt würzig.

Schnittkäse, hohe, urnenförmige Laibe, bis 15 cm Durchmesser, bis 2 kg schwer, 60% Fett i. Tr. Nach Abheben eines Deckels und Entfernen der Rinde werden Käselocken abgehobelt.

Ebenfalls aus der Westschweiz, dem Jura, stammt der **Vacherin**.

Außen gelblich-weiße, wellige Rinde; innen weich, cremigweiß; Geruch ausgeprägt, kräftig; Geschmack mild, nach dem Tannenrindenstreifen der Verpackung.

Weichkäse, Rotschmiere, bis zu 3 kg schwere, runde, flache Laibe in Baumrinde oder auch Spanholzschachtel.

## Holländische Käsesorten

Die aus den Niederlanden stammenden **Gouda** und **Edamer** wurden schon beschrieben. Eine Spezialität ist der **Leidener Käse**, ursprünglich und zum Teil heute noch ein Bauernkäse. Außen rot gefärbte, trockene Rinde; innen krümelig, harter Teig, durchsetzt mit Kümmel, viele kleine, unregelmäßige Löcher, oft bröckelig trok-

Im holländischen Alkmaar werden noch heute, wie schon im Mittelalter, Gouda und Edamer verkauft.

ken; Geruch und Geschmack pikant bis scharf, 40% Fett i. Tr.

Sehr ähnlich ist der **Friesenkäse**. Besonders gewürzte Käse sind der Friesische Nelkenkäse (Friese Nagelkaas), der mit Gewürznelken im Teig bereitet wird, und der Kantenkäse mit Kümmel.

## Österreichs Käse

Es sind alle Käse zu finden, die auch in Deutschland vorherrschen. Man stellt Hartkäse, Schnittkäse, Weichkäse und Frischkäse her.

Besonderheiten sind Klein-Emmentaler, genannt **Murbodener**; Weichkäse mit Rotschmiere, wie der beliebte **Mondseer**; sehr gute Käse nach Art des italienischen Gorgonzola; der »abgesottene« **Glundner Käse**, ein Kochkäse aus Sauermilchquark und andere mehr.

# Französische Käse

Für jeden Tag einen anderen Käse und dazu eine Auswahl für Feiertage und Feste, so viele Käsesorten werden in Frankreich hergestellt. Wenn Sie entschlossen sind, auch die Spezialitäten selbst zu beschnuppern, die nur in abgelegenen Gegenden gegessen werden, wird diese Auswahl sogar noch größer.

## Käsesorten in unbegrenzter Zahl

Viele Zeitgenossen wissen von Roquefort, daß er blau ist, kennen Brie und Camembert und noch ein paar andere Käse, die stark riechen. Aber das ist nicht einmal der Gipfel des Käseberges. Französische Käse beherrschen die Tonleiter des Geschmacks von edel bis herb. Sie erschöpfen mit ihren Formen alle geometrischen Möglichkeiten, können reinweiß, farbig oder gesprenkelt sein und variieren von steinhart bis zu einem Weichheitsgrad von Schlagsahne. Einige Käse bieten auf ihrem langsamen Reifungsweg von ihrer heiteren Jugend bis zum rüstigen Alter eine solche Vielzahl von Wohlgeschmack, daß sie selten ohne Freunde bleiben. Andere blühen nur einen Tag oder zwei; vor dieser Zeit sind sie unscheinbar, danach nicht mehr eßbar. Manche dieser Käse sind, wie die berühmten Weine, national und international streng geschützt. Frankreich ist zu Recht stolz auf seine Tradition. Aber ebenso wie Frankreich erlaubt, daß Brie und Camembert auch anderswo gemacht werden (unter der Voraussetzung, daß der Name des Herstellerlandes vor den Worten Brie oder Camembert gedruckt wird), genauso stellt Frankreich auch die Käsesorten anderer Länder her wie Feta, Gouda und Cheddar. Dutzende anderer Nachahmungen werden sogar in die Länder zurückexportiert, in denen die ursprünglichen Sorten entstanden.

Wie konnten so viele französische Käsesorten in einer Zeit überleben, in der »Heim-Industrie« die Ausnahme geworden ist? Wohl in der Hauptsache deswegen, weil die Franzosen nie unter so etwas ähnlichem wie der industriellen Revolution im 19. Jahrhundert zu leiden hatten, die Hunderttausende von Landarbeitern vom Lande weglockte und weil der traditionelle bäuerliche Rhythmus in Frankreich durch Kriege kaum gestört wurde. Im Gegenteil: Knappheit und Mangel machten die Bauern um so entschlossener, auf dem Lande zu bleiben, was ihnen eine Mahlzeit auf dem Tisch als Gegenleistung für ehrliche Arbeit garantierte, eine Belohnung, die die Städte nicht immer bieten konnten.

Jede von Frankreichs kontrastreichen Provinzen ist wie ein Flickenteppich aus kleinen, sich völlig selbstversorgenden Gemeinschaften. Die Besonderheiten jeder Provinz werden unausweichlich von den Eigenschaften der Böden bestimmt. Weinkultur ist der Markstein, denn der »Vin ordinaire« einer Gegend ist weitgehend unveränderlich; ihn zu ändern würde etwas Preiswertes und Wesentliches unnötig verteuern. Käse jedoch kann man leicht milde oder streng machen. Die Verwandtschaft von Wein und Käse – beides Nahrungsmittel, deren Geschmackseigenschaften aus demselben Grundstoff, dem örtlichen Boden, entstehen – ist das solide Fundament der meisten Küchen in der Provinz. Wo der Wein leicht ist, wird es auch der Käse sein. Aber wenn Sonne und Boden starke und feurige Rote produzieren, werden die Käse auch scharf sein.

Wachsamkeit und Qualitätsbewußtsein haben in der Erhaltung gastronomischer Tradition ebenfalls eine Rolle gespielt. Während andere europäische Nationen zugesehen haben, wie ihre bäuerliche Heimproduktion verfiel, hat die französische Hausfrau darauf geachtet, daß nicht Bequemlichkeit die Gaumenfreuden zerstörte.

Es wäre dumm, so zu tun, als ob es keine Veränderungen gegeben habe. Pasteurisierung und Handelstechniken haben wohl einen Wandel bewirkt. Aber sehr viele französische Kleinbauern halten noch immer irgendein Milchtier (meistens eine Ziege) und machen ihren eigenen Käse.

Auf der anderen Seite leistet die kommerzielle Erzeugung Erstaunliches, wenn man bedenkt, daß ein großer Teil für den Spezialitäten- und Feinschmeckermarkt hergestellt wird. Weit über 500 000 Camembertkäse kommen täglich allein aus den Molkereien.

Brie ist wahrscheinlich einer der bemerkenswertesten und romantischsten Käse in der ganzen Welt. Obwohl für einen Engländer der Stilton der König der Käse ist, gibt die Welt diesen Titel dem Brie. Die Krönung fand offiziell 1814 statt.

In der kleinen Stadt Vimontiers, nahe dem Dorf Camembert, steht eine durch amerikanische Spenden nach dem letzten Krieg wieder errichtete Statue der Madame Marie Harel; diese Bäuerin gilt als die Erfinderin des nach ihrem Heimatdorf genannten berühmten Camembert-Käse.

Während des Wiener Kongresses, als Europa nach Napoleons Herrschaft aufgeteilt wurde, widmete man bei Tisch viele Gespräche der Frage, welches Land wohl den besten Käse produziere. Bei einem großen Bankett präsentierte der Politiker und Feinschmecker Charles Maurice de Talley-

**In den Kellern und Höhlen von Combalou im Zentralmassiv reifen die Roquefort-Käse und bekommen dabei ihren Schimmelwuchs und ihr Aroma.**

rand-Périgord einen perfekten »Brie de Meaux«, und dieser wurde einstimmig als Souverän über 60 andere Sorten gekürt.

Es gibt drei Käsearten, bei denen die Franzosen unübertroffen sind und die in anderen Ländern sehr viel weniger hergestellt werden: Käse mit geschmierter Rinde, Ziegenkäse und gewürzter Käse.

Die Käse mit der geschmierten Rinde sind die mit dem schlechten Ruf, die Stinker. Es sind die, deren Gegenwart sich wirklich bemerkbar macht. Aber lassen Sie sich dadurch nicht irritieren. Die meisten haben einen milden Geschmack und sind viel sanfter, als die Nase anzeigt.

Ziegenkäse gibt es die Fülle, vom kleinen Chabichous bis zu den großen, schneeigen Rollen. Ihre Beliebtheit geht nicht nur auf den Wohlgeschmack zurück, sondern auch darauf, daß Ziegenmilch leichter verdaulich ist als Kuhmilch. Sie können frisch, aber auch in beinahe flüssigem Zustand genossen werden. Viele von ihnen werden mit Asche bestreut, um Schimmelbildung zu vermeiden. Die Ziegenkäse sind immer recht teuer, zum Teil deswegen, weil Ziegen weniger Milch geben als Kühe, zum Teil, weil die Ziegenhalter sich nicht zur industriellen Herstellung des Käses organisieren wollen.

Manchmal gibt es auch Käsekombinationen, bei denen Rahm aus Kuhmilch der Ziegenmilch beigegeben wird. Das sind die sahnigen mi-Chèvres, die man häufig mit Kräutern gewürzt findet, z. B. mit Thymian.

Gewürzte Käse bekommt man im Ausland kaum. Hier wird die göttliche Mischung aus Wein und Käse auf die

**Die Auswahl unter den Käsen Frankreichs ist schier unübersehbar.**

Spitze getrieben. Frische, manchmal auch reife Käse werden mit Alkohol behandelt, meistens in »marc«, dem feurigen »eau de vie«, der aus Weintrester destilliert wird.

Immer schon individueller hat Frankreich seinen eigenen Emmentaler und Gruyère und eine Cheddarsorte mit dem Namen »Cantal«. Es gibt milde Käse, die von Mönchen hergestellt werden, wie den »Port Salut« der Trappisten und scharfen Roquefort, einzig und allein aus der Milch der Larzac-Milchschafe (Lacaune) hergestellt. Heute jedoch, da Schafe auch mechanisch gemolken werden, wird der weiße Rohkäse sogar in Korsika gemacht und nach den Höhlen von Combalou geschickt, um dort vollends zu reifen. Auch so ist er immer noch einer der großen Käse der Welt. Das ist er schon seit über 1200 Jahren. Er war den Römern bekannt, wurde von Karl dem Großen genossen und vom überschwenglichen Casanova in seinen Memoiren erwähnt.

Es gibt an die 100 französische Käsesorten, die in gewisser Menge exportiert werden und für die sich die Mühe des Auskundschaftens lohnt. Viele sind in der folgenden Liste enthalten. Die meisten davon sind altüberliefert, aber in der Herstellung auf dem neuesten Stand. Jedes Jahr werden neue Käsesorten geboren, von denen jedoch nur wenige wirklich Erregendes und Neues bieten. Deswegen mag ein Käse, den Sie vielleicht besonders gern essen, hier nicht aufgeführt sein.

## Die bekanntesten französischen Sorten

**Banon** (Provence)
In Kastanien- oder Walnußblätter ein-
gewickelte und mit Bast verschnürte
Ziegenkäse. Außen gelblich bis grau,
innen weiß, Teig elastisch ohne Lochung. Geruch und Geschmack frisch,
mild, nach Ziegenmilch.
Weichkäse, kleine flache Scheiben mit
80 bis 90 g , natürlicher Fettgehalt der
Ziegenmilch; Behandlung mit Trau-
bentrester oder Traubenschnaps.

**Beaufort** (Savoyen)
Außen feste, gleichmäßig gelbe Rinde; innen speckig, elastisch, gelblich
mit wenigen runden Löchern und einzelnen kleinen Spaltlöchern; Geruch
und Geschmack mild, aromatisch,
leicht salzig, feiner Nußkernge-
schmack.
Hartkäse, Gruyère-ähnlich, 50% Fett
i. Tr., flache, runde Laibe bis 70 cm
Durchmesser und etwa bis 15 cm
hoch, bis 70 kg schwer.

**Bleu d'Auvergne** (Auvergne)
Außen rauhe, gelblich-graue Oberfläche, innen gelblich-cremiger, geschlossener, geschmeidiger Teig, fast ohne Löcher, aber mit grünlich-blauen Schimmeladern durchzogen; Geruch und Geschmack aromatisch bis pikant und scharf.
Halbfester Schnittkäse mit Innenschimmel, 40% Fett i. Tr., 2 bis 2,5 kg schwere, flache Zylinder mit etwa 20 cm Durchmesser, oft aus Rohmilch hergestellt.

**Bleu de Bresse**
(Jura, nördlich von Lyon)
Außen rauhe, zarte, weiße und blaugrüne Rinde; innen cremiger, geschlossener Teig mit reichlich grünlich-bläulichen Schimmeladern durchzogen; Geruch und Geschmack mild bis leicht pikant und deutlichem Schimmelgeschmack.
Weichkäse mit Innen- und Außenschimmel, 50% Fett i. Tr., rollenförmig in 3 Größen von 125 g, 250 g und 500 g.

**Bleu de causses**
(Gard, Hérault, Südwesten)
Dem Bleu d'Auvergne sehr ähnlich, in natürlichen Felsenkellern gereift, mindestens 45% Fett i. Tr., meist aus nicht entrahmter Milch.
Schnittkäse, runde Laibe, um 2 kg Gewicht.

**Bonbel**
Handelsname für einen kleinen Käse nach Art des Saint-Paulin, auch Babybel genannt, sehr mild, durch Wachsüberzug gut haltbar.
Schnittkäse, flache Scheiben, etwa 200 g schwer.

**Bondon** (Normandie)
Außen feiner weißer Schimmelrasen; innen cremeweiß, geschmeidig, geschlossen; Geruch und Geschmack frisch-säuerlich und leicht salzig, fast ohne Geruch; auch leicht gereift im Handel.
Frischkäse, meist 50% Fett i. Tr., in vielen Formaten, geformt wie ein Faßspund, oft nur um 100 g schwer.

**Boursault**
(Normandie, Ile-de-France)
Außen leicht rosa Rinde; innen speckig, fett, gelblich; Geruch und Geschmack mild, nußartig.
Weichkäse, 75% Fett i. Tr., kleine Rollen mit 100 g Gewicht, auch Lucullus genannt.

**Boursin**
(Normandie, Ile-de-France)
Außen weiß oder durchsetzt mit Gewürzen; innen ebenso, leicht fettig, klebrig; Geruch und Geschmack rein säuerlich oder nach den Zusätzen wie Knoblauch, Schnittlauch, schwarzer Pfeffer usw.
Frischkäse mit Kräutern, 70% Fett i. Tr., kleine, flache Scheiben.

**Brie** Laitier (Ile-de-France, Burgund, Champagne, Lothringen)
Außen reinweißer, an den Rändern oft leicht braunroter Schimmelrasen; innen cremigweiß bis leicht gelblich, fest bis weich-elastisch, einzelne geschlitzte Bruchlöcher; Geruch und Geschmack mild bis pikant.
Weichkäse mit Schimmelbildung, 40% bis 50% Fett i. Tr., flache, tortenartige Scheiben um 2 kg oder portioniert.

**Brie** Fermier (Ile-de-France)
Wie Brie Laitier, aber meist größer
und dunkler, stark im Geschmack.
Oft als »Brie de Meaux« im Handel.

**Camembert** Laitier (Normandie)
Außen reinweißer Schimmelbelag,
evtl. mit etwas Bräunung an den Kanten; innen weiß bis gelblich, Teig
weich, speckig, kaum Bruchlöcher;
Geruch und Geschmack mild, leicht
säuerlich, champignonartig.
Weichkäse mit Schimmelbildung,
45% bis 55% Fett i. Tr., flache, runde
oder anders portionierte Käschen.

**Camembert** Fermier (Normandie)
Wie Camembert Laitier, aber dunkler
und voller im Aroma, köstlich im Geschmack, aber teuer.
Rohmilchkäse, 45% bis 50% Fett
i. Tr., oft in Holzspanschachteln.

**Cantal** (Auvergne)
Außen leicht mehlig, grauweiß bis rötlich; innen gelblich, weich, ohne Lochung; Geruch und Geschmack mild
bis streng und leicht erdig und bitter.
Schnittkäse, 45% Fett i. Tr., runde bis
40 cm hohe und bis 45 kg schwere
Laibe, sehr arbeitsaufwendige Herstellung, ähnlich dem englischen
Cheddar.

**Caprice des Dieux** (Champagne)
Dem Brie sehr ähnliche, ovale Käse
mit Schimmelbildung, 60% Fett i. Tr.
und 200 g schwer.

**Carié de l'Est**
(Champagne, Lothringen)
Flacher, quadratischer Camembert,
schneeweiß, mild und weich, 100 bis
250 g schwer.

**Chabichou** oder Cabichou (Poitou)
Außen weißer Schimmelüberzug; innen weiß bis gelblich, Teig weich, je
nach Reife, im Kern leicht brüchig,
keine Lochung; Geruch und Geschmack mild bis pikant, typisches
Ziegenmilcharoma, sehr voller Geschmack.
Weichkäse mit Schimmelbildung,
mindestens 45% Fett i. Tr., kleine, geköpfte Kegel von 100 bis 120 g Gewicht.

**Chèvre**
Das ist der Gattungsname für die Ziegenkäse. Es gibt eine große Anzahl
verschiedener Käse, weil noch viele,
von den Bauern selbst hergestellt, ihren eigenen Hauscharakter mitbringen. Meistens sind es Weichkäse, sogenannte »blancs«, mit viel Aroma
und in allen möglichen Formaten, beliebt ist die Rollenform. Solche mit
sehr dunklem Äußeren sind die
»cendrés«, die unter einem Überzug
von Holzasche gereift werden, um unerwünschten Oberflächenschimmel zu
verhindern. Einige der besser bekannten sind Chevrotin, Chevreton d'Ambert und Sainte-Maure. Alle haben
mindestens 45% Fett i. Tr., sind leicht
verdaulich und überraschen mit immer neuen Geschmacksnuancen.

**Comté** (französischer Gruyère)
Außen rötlich-braune Rinde, bedeckt
mit Schmiere; innen hell-gelblich,
Teig fettig, weich, dem Emmentaler
ähnlich; wenige mehr als erbsengroße
Löcher, wenige kleine Spalten; Geruch und Geschmack mild bis pikant.
Hartkäse, 45% Fett i. Tr., flache, runde Laibe, 11 cm hoch und bis etwa
60 cm im Durchmesser.

**Coulommiers** (Ile-de-France)
Dem Brie ganz ähnlich, jedoch kleiner, Geschmack wie Camembert, üblicherweise in einem Stück Strohmatte eingeschlagen im Handel, wird relativ unreif verzehrt, bevor der weiße Schimmel richtig gewachsen ist.

**Fontainebleau** (Ile-de-France)
Außen und innen cremigweiß, locker durch eingearbeiteten geschlagenen Rahm; Geruch und Geschmack fein säuerlich.
Frischkäse, 60% i. Tr., in Kunststoffbechern abgefüllt.

**Fougeru** (Ile-de-France)
Nur noch selten erhältlicher kleiner Rohmilchkäse nach Art des Coulommiers, aber als Besonderheit in Farnkrautblättern gereift.

**Fourme d'Ambert** (Auvergne)
Außen rötlich-graue, trockene Rinde; innen cremefarben bis gelblich, durchzogen von grünblauen Schimmeladern; Geruch und Geschmack mildaromatisch, leicht salzig, leicht bitter.
Halbfester Schnittkäse mit Innenschimmel, 45% Fett i. Tr., hohe Zylinderform (20 cm), etwa 13 cm Durchmesser, etwa 2 kg schwer.

**Fromage Blanc** (ganz Frankreich)
Familienname für alle Frischkäse ohne oder mit Fettgehalt, unter vielen Namen im Handel, am bekanntesten die Namen »Jockey« und »Bon Blanc«.

**Gaperon** (Auvergne)
Außen dünne, weißgraue bis graublaue Schimmelschicht, etwas Rotschmiere; innen weiß bis leicht gelblich, am Rand geschmeidiger, gereifter Teig, im Inneren kurz, trocken, krümelig; Geruch und Geschmack streng, an Sauermilchquark erinnernd.
Zigerkäse, meist aus Buttermilch, etwa 30% Fett i. Tr., halbkugelförmig mit etwa 10 cm Durchmesser, 350 bis 500 g schwer, oft mit Pfefferkörnern im Teig und mit Knoblauchzusatz.

**Livarot** (Normandie)
Außen braunrote, trocken-pappige Schmiere; innen gelblich, Teig weich und geschmeidig, geschlossen, einzelne Bruchlöcher; Geruch und Geschmack kräftiges »Limburger-Aroma«, streng, leicht salzig, würzig bis stechend.
Weichkäse mit Schmierebildung, 40% Fett i. Tr., Format wie ein dicker Camembert, Gewicht 450 bis 500 g, früher mit Blattstreifen von Schilfrohr am Rand bandagiert, heute dafür ein farbiger Papierstreifen.

**Maroilles**
(Nordfrankreich, Flandern)
Außen rötlich-gelbe Schmiere auf der Rinde; innen cremigweiß bis gelb, Teig weich und geschlossen; Geruch und Geschmack kräftig und pikant, ähnlich wie Limburger.
Weichkäse, mindestens 40% Fett i. Tr., quadratisch oder verschiedene Formate und Größen zwischen 200 und 500 g. Aus Rohmilch hergestellt, in verschiedenen Reifestufen im Handel; die Variante »Dauphin« ist mit Gewürzkräutern hergestellt.

**Mi-Chèvre**
Ein weiterer Familienname für Ziegenkäse, die aus einem Gemisch von Ziegenmilch und Kuhmilch bzw.

Rahm aus Kuhmilch hergestellt sind. Es handelt sich um eine Reihe von Variationen aromatischer, weißer Käse, die schnell reifen und oft mit Sommergewürzen wie Bohnenkraut verfeinert sind.

**Monsieur, Fromage de** (Normandie)
Variation der Briesorten, Geruch strenger, Geschmack ausgeprägter, kleine Rollen mit weißem Schimmel. Weichkäse mit Außenschimmel, 60% Fett i. Tr., etwa 150 g Gewicht.

**Munster** Laitier (Elsaß)
Außen rote bis orangefarbene Schmiere auf dünner Rinde; innen weißlich-gelber, geschmeidiger Teig, wenige Löcher; Geruch und Geschmack als ausgeprägter Schmierkäse kräftig.
Weichkäse mit Rotschmierebildung, 45 bis 50% Fett i. Tr., runde, flache Laibe, große Munster um 500 g, kleine 150 g Gewicht.
An Ort und Stelle sind auch Munster Fermier erhältlich.

**Neufchâtel** (Normandie)
Außen schneeweiß und daunenweich, am Rand auch ein wenig rötlich, leichter Schimmelbelag; innen weißer, elastischer Teig; Geruch und Geschmack rein säuerlich, leicht salzig, etwas bitterer Nachgeschmack.
Frischkäse, leicht gereift, 45% Fett i. Tr., etwa 100 g schwer, in vielen Abwandlungen und Formaten.

**Petit Suisse**
(überall in Frankreich)
Rein weißer Frischkäse ohne Reifung, 60% (Double-crème) und 75% (Triple-crème) Fett i. Tr., oft nur 30 g

schwer, hoher Wassergehalt, verschiedene Formate. Geschmack oft leicht salzig und sahnig.

**Pont l'Evêque** (Normandie)
Außen trockene, leicht rissige Rinde mit trockener, gelbgrauer bis orangefarbener Schmiere; innen blaß- bis strohgelb, Teig speckig und geschmeidig, leicht offen mit Bruchlöchern; Geruch und Geschmack kräftig aromatisch, deutlicher Rotschmiere-Geruch, herbsüßlicher Geschmack, gut gereift auch leicht seifig.
Weichkäse mit Schmierebildung, 30% bis 50% Fett i. Tr., oft noch aus Rohmilch hergestellt, quadratische Form mit etwa 10 cm Seitenlänge und 250 bis 350 g Gewicht.

**Port du Salut** (und ähnliche, überall in Frankreich)
Außen dünne, glatte, hellgelbe bis hellgraue Rinde; innen cremeweiß bis hellgelb, geschmeidiger Teig, fast ohne Lochung; Geruch und Geschmack mild, leicht säuerlich, aromatisch.
Halbfester Schnittkäse, 40% und 50% Fett i. Tr., heute oft mit gelbem Kunststoffüberzug; flache, runde Laibe bis 2 kg schwer.
Ursprünglich als französischer Trappistenkäse hergestellt; die neuere Handelsvariante »Port-Salut« ist am weitesten verbreitet. Ganz ähnlich ist auch der Saint-Paulin.

**Reblochon** (Savoyen)
Außen graurosa Rinde mit weißlichem Belag, leichte Schmiere; innen blaß gelblich mit sehr weichem Teig, fast ohne Löcher; Geruch und Geschmack würzig, aromatisch, nußkernartig.

Halbfetter Schnittkäse mit gewaschener Rinde, leicht gepreßt; mindestens 45% Fett i. Tr., oft als Rohmilchkäse hergestellt, runde, flache Laibe, größere bis 500 g, kleinere um 250 g Gewicht. Die Rinde wird nicht gegessen. Der Reblochon Fermier wird auch Colombière genannt.

## Roquefort
(Causse plateau, Zentralmassiv)
Außen keine Rinde, Oberfläche bedeckt mit einer weißlich-gelblichen Schmiere; innen cremigweiß, durchzogen von grünlichblauen Schimmelpilzadern, Teig weich, speckig, geschlossen, leicht bröckelig, Bruchlöcher; Geruch und Geschmack würzig und pikant, leicht salzig.
Halbfester Schnittkäse mit Innenschimmel, aus roher Schafsmilch; runde Laibe mit etwa 20 cm Durchmesser und etwa 2,5 kg Gewicht.

## Saint Marcellin (Isère)
Außen schimmelfleckige, dünne Rinde; innen cremigweiß, Teig frischkäseähnlich bis bröckelig, kurz, keine Löcher; Geruch und Geschmack mild, leicht säuerlich.
Weichkäse mit leichtem Außenschimmel, Verzehr mit Küchenkräutern, manchmal in Kastanienblättern eingeschlagen, 50% Fett i. Tr., kleine Käschen in vielen Formen, um 100 g schwer.

## Saint-Nectaire (Auvergne)
Außen schimmelfleckige, dünne Rinde, gelegentlich hellbraun gefärbt; innen cremig, gelblich, Teig speckig, geschlossen ohne Löcher; Geruch und Geschmack würzig, aromatisch.
Halbfester Schnittkäse aus Rohmilch, gewaschen, mindestens 45% Fett i. Tr., größere runde Laibe bis 2 kg, kleinere Form bis 1 kg. Saint-Nectaire Fermier wird selten; Laitier ist auch als Savaron im Handel.

## Saint-Paulin siehe unter »Port-du-Salut«.

## Tomme (Savoyen)
Außen trockene, graurote, schimmelfleckige Rinde; innen leicht gelblich, unter der Rinde dunkler; kleine, wenige Löcher, ziemlich fest; Geruch und Geschmack aromatisch, leicht säuerlich, leicht bitter.
Halbfester Schnittkäse, Fermier aus Rohmilch, Laitier aus pasteurisierter Milch, leicht gepreßt; 10% bis 45% Fett i. Tr., niedrige, runde Laibe bis 20 cm Durchmesser und bis 2 kg schwer. Die Rinde wird nicht mitgegessen.
Gelegentlich wird der Käse während der Reifung mit Schnaps abgerieben und nimmt dann sein Aroma an.
»Tomme aux Raisins« haben eine Oberfläche, die mit einer schwarzen Mischung von Traubenkernen und Traubenhäutchen bedeckt ist.

# Britische Käse

Das maritime Klima in England macht das Land zu einer idealen Milch- und Käseregion. Die Tradition der Käseherstellung geht bis auf die Römer zurück, und es gab in früheren Zeiten eine Fülle von verschiedenen Käsen, in vielen Größen und Formen. Man bereitete Käse aus Kuh-, Schafs- und Ziegenmilch, harte und weiche Sorten, Schimmelkäse, gefärbte und mit Kräutern gewürzte Käse.

Die Vielfalt ist verschwunden, geblieben sind einige wenige Sorten. England hat der Menschheit aber den überall in der westlichen Welt populärsten, weil am meisten nachgemachten Käse beschert, den Cheddar. Natürlich wird der Cheddar heute nicht mehr mit Safran oder dem Saft der Ringelblume (Calendula) gefärbt; das Wesentliche der Herstellung, das cheddaring – also das Schnitzeln des Bruches – gilt jedoch nach wie vor.

Andere Käse, wie Cheshire, sind noch älter und waren, wie der berühmte Stilton, auf dem Kontinent gut bekannt. Es ist auch heute noch möglich, in England annähernd den gleichen Käse zu kaufen, wie er schon vor Jahrhunderten gemacht wurde, besonders gepreßte und »Blaukäse«-Sorten. Weichkäse und Rahmfrischkäse allerdings sind selten geworden. Sie waren mit Essenzen und Gewürzen verfeinert, waren mit süßen Kräutern belegt, zwischen Blättern von Sauerampfer, Brennesseln und Kastanien gereift und anderes mehr.

## Caerphilly

Außen glatte, dünne Rinde, weißliche Oberfläche, auch gewachst oder in Folie; innen weißer, fester Teig, geschichtet und krümelig, ohne Lochung; Geruch und Geschmack mild, rein säuerlich.

Halbfester Schnittkäse nach Cheddar-Art, mindestens 48% Fett i. Tr., flache Laibe mit 25 cm Durchmesser und 8 cm Höhe, bis 3,5 kg schwer.

## Cheddar

(in Deutschland auch Chester)

Außen mit Rinde, trocken, glatt, bräunlich, ohne Rinde in Kunststofffolie versiegelt; innen einheitlich durch die ganze Masse leicht gelblich oder rötlich gefärbt, Teig fest, aber nicht hart, geschlossen ohne Löcher; Geruch und Geschmack rein und kräftig.

Hartkäse, mindestens 48% Fett i. Tr., entweder hohe Zylinder bis 30 kg oder kleinere bis 6,5 kg oder Blöcke in Folien bis 20 kg, zahlreiche Abwandlungen in England und in anderen Ländern.

## Cheshire, Roter

(auch Chester genannt)

Außen entweder im Tuch oder mit gewachster Oberfläche; innen ungefärbt leicht gelblich, gefärbt orange bis rot durch die ganze Masse, Teig fest, leicht bröckelig; Geruch und Geschmack rein und mild, nußartig, leicht salzig.

Hartkäse nach Cheddar-Art, mindestens 48% Fett i. Tr., hohe zylindrische Laibe von 22 kg Gewicht.

### Cheshire, Weißer
Ungefärbte Version des Red Cheshire, schneller reifend, mild, leicht säuerlich, leicht bitter.

### Cheshire, Blauer
Ein Cheshire mit blau-grünlichem Innenschimmel, noch weicher als die roten und weißen, aber recht scharf und pikant, sehr teuer.

### Cotswold
Ein Käse vom Typ Double Gloucester (siehe dort), der oft mit Schnittlauch gewürzt ist. Er ist eingebunden in ein Tuch, gewachst oder in Folie gereift im Handel als kleine, zylinderförmige Käse um 1 kg Gewicht.
Der Geschmack ist mild und cremig.

### Derby
Eine Abart des Cheddar, jedoch bröckeliger, blasser und feucht-weicher im Teig und feiner im Geschmack. Außen gewachst oder in Folie verpackt; innen weiß, Teig fest, ohne Lochung; Geruch und Geschmack rein und mild.
Hartkäse, mindestens 48% Fett i. Tr., flache, runde Laibe bis 14 kg Gewicht.

### Sage Derby
Wie Derby, aber grünlich marmoriert durch Kräuterzusätze, besonders Salbei. Sehr individueller Duft und markanter Geschmack.

### Double Gloucester
Außen glatte Rinde, dunkelbraun mit Schimmelflecken, manchmal gewachst oder in Folie versiegelt; innen gelblich-orange gefärbt oder ungefärbt, Teig fest und geschlossen; Geruch und Geschmack mild, nußkernartig.

Hartkäse im Cheddartyp, mindestens 48% Fett i. Tr., große, runde, flache Laibe bis 28 kg Gewicht.

### Dunlop
Außen dunkle, dünne Rinde; innen cremigweiß, Teig fest und wachsartig, Teig ohne Lochung; Geruch und Geschmack cremig und mild.
Schottischer Hartkäse nach Art des Cheddar, aber heller, milder und weicher; mindestens 48% Fett i. Tr., hohe, zylindrische Käse bis 14 kg Gewicht.

### Ilchester
Eine neue Käsezubereitung, die meist aus Cheddar, Bier, Schnittlauch und Knoblauch angeteigt ist.

### Lancashire
Außen sehr dünne, dunkle, fleckige Rinde, geölt gegen Austrocknung; innen fast weiß, Teig butterweich, aber krümelig; Geruch und Geschmack mild, rein säuerlich.
Weicher Hartkäse, Typ Cheddar, mindestens 48% Fett i. Tr., größere, höhere Form bis 22 kg; kleinere, flachere Form bis 5,5 kg; Toast-Käse.

### Leicester
Außen braunrote, glatte, dünne Rinde; innen gleichmäßig dunkel mit Annatto gefärbt, Teig körnig, kurz und fest, mit ganz geringer Lochung; voller, reiner, butterartiger Geschmack.
Hartkäse vom Cheddartyp, 45 bis 48% Fett i. Tr., flache, runde Laibe bis 13 kg schwer.

### Stilton, blau
Außen rauh, feucht, grau und braun fleckig mit dünner Rinde; innen cre-

migweiß und mit blaugrünen Schimmeladern durchzogen, Teig halbfest und leicht bröckelig, gleichmäßig verteilte Bruchlöcher; Geruch und Geschmack mild und doch pikant, oft leicht salzig.
Weicher Hartkäse mit Innenschimmel nach Art des Cheddar, mindestens 48% Fett i. Tr., bis 40 cm hohe und zylindrische Laibe bis 8,5 kg schwer.

### Stilton, weiß
Der gleiche Käse, aber ohne Blauschimmel; glatte Rinde, Teig reinweiß, fest, krümelig und leicht offen; Geschmack mild und rein, leicht sauer.

### Walton
Ein aus Cheddar, Stilton und Walnüssen angerührtes Gemisch mit bräunlichem Teig und leicht muffigem Geruch, pikanter Brotaufstrich.

### Wensleydale, blau und weiß
Außen gelbliche, dünne Rinde, feucht und fleckig; innen weich, krümelig, mit blauen Schimmeladern, Teig geschlossen; Geruch und Geschmack vollmundig, cremig, aromatisch.
Halbfester Käse mit Innenschimmel, dem Stilton sehr ähnlich, noch ausgeprägteres Aroma, mindestens 48% Fett i. Tr., hohe runde Laibe bis 5,5 kg Gewicht.

**109**

# Griechische Käse

Die Kargheit der meisten griechischen Böden war seit eh und je so groß, daß kaum Hoffnung bestand, auf ihnen Tiere zu züchten, die außer reichlich Fleisch auch noch genügend Milch gaben; nur das eine oder das andere war möglich. So mußte die Nahrung der Griechen immer aus Früchten, Getreide, Oliven, Wein und Käse bestehen. Der Genuß von Fleisch blieb wichtigen Anlässen und hohen Feiertagen vorbehalten; so ist es bis heute auf dem Lande geblieben.

Griechischer Käse ist so beschaffen, daß er nicht weit transportiert werden kann, und er ist auch recht einfach in der Herstellung. Aber sein ausgeprägter Charakter, durch kleine Besonderheiten bewirkt, hat in den letzten Jahren zu einer starken Nachfrage und damit zum Ansteigen des Verbrauches geführt. Europäische Interessenten, in der Hauptsache nostalgische Urlauber, griechische Auswanderer und Gastarbeiter in ganz Europa, haben der Milchwirtschaft einen besonderen Impuls gegeben: Dänemark, die Bundesrepublik Deutschland und andere Staaten haben angefangen, Feta herzustellen und zu exportieren. Natürlich ist dieser Feta nicht so ganz der richtige, aber das kann auch von einem großen Teil des Feta gesagt werden, den man heute in Griechenland selbst verkauft. Ursprünglich wurde er nur aus Schafsmilch, mit Zusatz von Ziegenmilch in einem einfachen, aber wirksamen Verfahren hergestellt.

Die Milch läßt man auf natürliche Weise gerinnen; dann wird der ausgefällte Quark in der Molke nachgewärmt, worauf auch die Ausflockung von Molkeneiweiß erfolgt. Der moderne Feta aus der Molkerei ist eine Annäherung an den ursprünglich echten und wird heute fast ausschließlich aus Kuhmilch hergestellt. Damit die Griechen ihn mögen, muß er gebleicht werden, um dem fertigen Käse die gewohnte weiße Farbe zu verleihen.

**Feta** (oder Fetta, auch Pheta)
Außen reinweiß, ohne Rinde; innen weiß, Teig weich, elastisch und schnittfest, ohne Lochung; Geruch und Geschmack aromatisch, leicht säuerlich, pikant, etwas salzig.
Weichkäse vom Typ Salzlakenkäse, leicht gepreßt, Quader und Würfel in Weißblechdosen in verschiedenen Größen.

### Mitzithra
Außen und innen weiße, quarkähnliche Masse; Geruch und Geschmack sehr variabel durch die Verschiedenheit der Ausgangsprodukte, wie Molke von der Herstellung von Schafskäse, Schafs- und Ziegenmilchkäse, Kuhmilchkäse, Mischungen aus den genannten Molken und Mischmilchzusätzen bei der Produktion.
Molkenkäse aus dem durch Erhitzen von Molke ausgefällten Molkenprotein, fast ohne Fett i. Tr., Form und Größe nach den Körben, in die die Bruchmasse geschöpft wurde; meist um 1 kg schwer; wird frisch verzehrt oder nach dem Trocknen als Reibkäse gebraucht.

**Kefalotiri**

Außen rauh, fleckig, graubraun, dicke Rinde; innen weißlich, Teig fest, viele kleine Löcher, einige größere geschlitzte Löcher; Geruch und Geschmack pikant und salzig.

Hartkäse, etwa 50% Fett i. Tr., 3 bis 5 kg schwere Laibe, Ausgangsprodukt für die Herstellung des Kasserie, eines Käses vom Filata-Typ.

# Italienische Käse

Käse war ein wichtiges Nahrungsmittel, lange bevor das Römische Reich entstand. Schaf- und Ziegenherden waren am meisten verbreitet. Hygiene wurde früh als Problem erkannt und praktiziert. »Agricultura«, das älteste bekannte Buch in lateinischer Sprache, wiederholt ständig die Bedeutung der Hygiene.

Käse war später ein wichtiger Bestandteil im Gepäck der Legionäre, während sie quer durch Europa marschierten. Man glaubt, daß eben diese Legionäre im wesentlichen dafür verantwortlich sind, daß ausgeklügelte Methoden der Käsebereitung z. B. bis nach Britannien kamen.

Als das Reich unterging, ging mit ihm auch die Kultur der Käseherstellung unter. Es wurden nur noch Weichkäse auf den Bauernhöfen hergestellt. Aber die Kenntnisse, die zuerst durch Soldaten und später durch christliche Wandermönche verbreitet wurden, erhielten das Wissen um die Käsekunst der Römer in fremden Ländern. Tatsächlich kann man noch heute die Vorfahren dieser Käse entlang den alten Straßen zurückverfolgen. Aber erst im 10. Jahrhundert n. Chr. gab es eine Wiedergeburt der längst bekannten Käseherstellung in Italien.

Parmesan (Parmigiano), kugelsicher und zäh, aus der Grana-Familie, ist wahrscheinlich der echteste vorrömische Käse, der heute noch hergestellt wird. Salzig und trocken, weist er einen niedrigen Fettgehalt auf, weil er aus abgerahmter Milch entsteht. Einige Arten von Parmesan brauchen Jah-

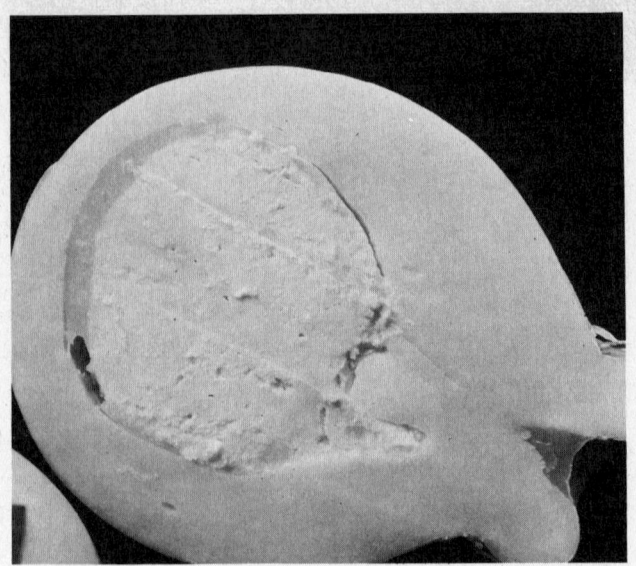

re zur Reifung, und es wird behauptet, daß der älteste und reifste Parmesan tatsächlich kugelsicher ist.

Die Schimmelkäse Italiens basieren alle auf Gorgonzola, einer der ältesten italienischen Käse seit seiner Wiedergeburt und seit über 1000 Jahren bekannt. Früher einmal stinkend und scharf, ist Gorgonzola heute wesentlich milder, was hauptsächlich mit der Pasteurisierung der Milch und der kürzeren Reifezeit zusammenhängt. Gorgonzola ist durch zwei Eigenschaften gekennzeichnet: Er wurde immer aus reiner Kuhmilch hergestellt und hatte schon immer den blauen Schimmel, der aus der Penicillium-Familie stammt, sich aber vom Roquefort-Schimmel unterscheidet.

Pasta Filata ist der italienische Familienname für eine ganze Reihe von weich-zähen Käsen, wie Provolone,

**Eine ausgefallene italienische Käsesorte, der Burrino, der mit der Hand um einen Kern aus frischer Butter herum geformt ist.**

Caciotta, Caciocavallo und anderen. Diese seltsam geformten, strohgelben Käse hängen gewöhnlich paarweise in den Läden. Diejenigen, die exportiert oder im Ausland hergestellt werden, sind immer weich und recht mild.

Die Produktion von Ziegenkäse ist drastisch zurückgegangen, mit Ausnahme des köstlichen Caprino, einem Weichkäse. Schafskäse jedoch wird weiter hergestellt, hauptsächlich als Pecorino, der sowohl weich zum Essen als auch hart zum Reiben verkauft wird. Er stammt noch aus vorrömischer Zeit, von den Etruskern.

**Bel Paese** (siehe Italico)

**Fontina**
Außen hellgelbe bis bräunliche, glatte, dünne Rinde; innen weißlich bis strohgelb, Teig elastisch bis weich und cremig, wenige linsengroße Löcher; Geruch und Geschmack aromatisch-würzig, Nußgeschmack, leicht süßlich. Schnittkäse aus Rohmilch, nachgewärmt und gepreßt, 48 bis 50% Fett i. Tr., flach, etwa 40 cm große Laibe mit nach innen gewölbtem Rand, bis 18 kg schwer; Fontal heißt die aus pasteurisierter Milch hergestellte Variante; er ist meist mit Paraffin überzogen und weniger würzig.

**Gorgonzola**
Außen rauhe, rötlich-braune Rinde mit Stichlöchern; innen gelblich mit grüngrauen Schimmeladern durchsetzt, Teig elastisch und weich, kleine unregelmäßige Bruchlöcher; Geruch und Geschmack mild-würzig bis pikant, im Alter scharf. Schnittkäse mit Innenschimmel, 48% Fett i. Tr., hohe, zylinderförmige Käse bis 12 kg, im Handel meist portioniert. Eine mildere, cremigere Abwandlung ist der Dolcelatte.

**Grana Padano**
Er ist dem Parmesan ganz ähnlich, der Teig ist heller, flockiger, und er reift schneller. Seine Herstellung ist jedoch auf ein geographisch genau festgelegtes Gebiet auf der linken Seite des Po beschränkt.
Außen gelblich bis braun oder auch schwarz gefärbte, starke, glatte Rinde, gelegentlich in Folienüberzug; innen gelblich, Struktur körnig-hart, wenige kleine Löcher und kleine Spalten; Geruch und Geschmack ausgeprägt würzig.
Hartkäse, oft aus Rohmilch, mindestens 32% Fett i. Tr., hohe Laibe bis 40 kg Gewicht, meist als Reibkäse verwendet.

**Italico**
Außen glatte, blaßgelbe, dünne Rinde; innen hellgelb, Teig elastisch und weich, ohne Lochung; Geruch und Geschmack leicht säuerlich, butterähnlich mild.
Halbfester Schnittkäse, 50% Fett i. Tr., runde, flache Laibe mit etwa 2 kg Gewicht, aufwendige Verpackung mit Papier auf den Flachseiten, perforierter Alufolie auf dem Rand, mit Etiketten belegt und in Seidenpapier verpackt. Bel Paese ist ein geschützter Firmenname eines Italico.

**Mozarella**
Außen reinweiß und rindenlos; innen weiß mit weichem, elastischem Teig, Schichtung sichtbar, keine Löcher; Geruch und Geschmack angenehm frisch, leicht sauer, leicht salzig, bei Verwendung von Büffelmilch aromatisch.
Frischkäse vom Filata-Typ, mindestens 45% Fett i. Tr., aus Kuh- oder Büffelmilch oder aus der Mischung von beiden; runde, eiförmige oder ovale Kuchenformen von 50 bis 400 g Gewicht.

**Parmesan** (Parmigiano – Reggiano)
Außen gelblich oder braunschwarz gefärbt, fettig, eingeprägte Beschriftung Parmigiano – Reggiano; innen gelblich, Teig trocken und körnig, fast ohne Lochung; Geruch und Geschmack würzig und mild.

Hartkäse, mindestens 32% Fett i. Tr., hohe, zylinderförmige Laibe von 24 bis 35 kg Gewicht, meistens als Reibkäse verwendet, in verschiedenen Altersstufen im Handel.

## Pecorino

Außen glatte oder rauhe, hellgelbe, manchmal gelb gefärbte fettige Rinde, auch dunklere Kunststoffüberzüge; innen leicht gelblich und fest, fast ohne Lochung; Geruch und Geschmack pikant, leicht aromatisch, manchmal mit Pfefferkörnern gewürzt.

Hartkäse aus Schafsmilch, mindestens 36% Fett i. Tr., runde Laibe mit 20 bis 30 cm Durchmesser, 15 bis 30 cm Höhe und 5 bis 22 kg Gewicht, meist als Reibkäse verwendet.

Der Pecorino aus Sardinien heißt Fiore Sardo und hat einen feinen, nußartigen Geschmack.

## Provolone

Außen gelbliche, glatte, glänzende, mit Paraffin beschichtete Rinde; innen weißlich-gelb, Teig elastisch, ziemlich fest und krümelig, geschlossen oder leicht gelocht; Geruch und Geschmack bei jungen Käsen mild, bei gut reifen Käsen scharf und pikant.

Hartkäse vom Filata-Typ, 45% Fett i. Tr., viele Formen, wie hohe und flache Zylinder, Kugel- und Quaderformen; Tafelkäse oder Reibkäse.

## Ricotta

Außen und innen milchigweiß mit weichem, fast streichbarem Teig, angenehm süßlicher Geschmack.

Zigerkäse aus Schafskäse-Molke (Ricotta Romana) über 70% Fett i. Tr. oder aus Kuhkäse-Molke (Ricotta Piemontese) bis 30% Fett i. Tr. Die Ricotta wird entweder frisch verzehrt oder leicht gesalzen und ein paar Tage gereift und dabei getrocknet oder noch länger gereift.

Früher allein durch Erhitzen von Molke, heute mehr und mehr mit Vollmilch- oder Magermilchzusatz hergestellt.

## Taleggio

Außen samtig-rauhe, gelbliche bis rötlich-graue, schimmelfleckige, dünne Rinde; innen cremigweiß bis hellgelb, halbfester, leicht bröckeliger Teig mit einzelnen Bruchlöchern; Geruch und Geschmack süßlich, aromatisch, im Kern leicht säuerlich.

Weichkäse bis halbfester Schnittkäse, mindestens 48% Fett i. Tr., flache, quadratische Quader um 2 kg Gewicht, aus Rohmilch oder aus pasteurisierter Milch. Technologische Unterschiede führen zu sehr verschiedenartigen Käsen.

**Dänische Schnittkäse erfreuen sich großer Beliebtheit.**

# Skandinavische Käse

Eine nordische Besonderheit ist das goldbraune Nebenprodukt der Käserei, der Molkenkäse. Seine Schärfe und Eigenart duldet keine Unentschlossenheit: Entweder man verabscheut ihn oder man liebt ihn! Mysost in Norwegen und Mesost in Schweden werden durch Aufkochen von Molke der Kuhmilchkäserei gewonnen. Auch das Verfahren selbst unterscheidet sich vom südländischen Kochvorgang bei der Herstellung der Ricotta: Es werden nicht die ausgefallenen Flocken ausgeschöpft, sondern die Molke wird auf kleinem Feuer eingedampft. So entstehen die braune Farbe und die ausgeprägte Schärfe der Molkenkäse durch die Karamelisierung des Milchzuckers.

Wird ganz oder teilweise die Molke von Ziegenkäse verwendet, dann entsteht der norwegische Gjetost, der dort zulande einen hohen Anteil am gesamten Käseverbrauch ausmacht.

Norwegische und schwedische Käse werden kaum exportiert, dafür sind die dänischen Käse umso weiter verbreitet. Sogar in Japan kann man ohne Mühe dänischen Käse in mehreren Sorten kaufen. Neuerdings wird nach norwegischem Rezept auch in Deutschland mit gutem Erfolg Jarlsberg, ein gepreßter Hartkäse, hergestellt.

### Danablu (Dänemark)

Außen weiße bis gelblich-graue Oberfläche mit leichter Schmiere, ohne Rinde; innen weißlich, mit blaugrünen Schimmeladern durchzogen, Löcher und Stichkanäle ebenfalls mit Schimmel bewachsen, Teig schnittfest, weich, leicht bröckelig; Geruch und Geschmack aromatisch, pikant, leicht

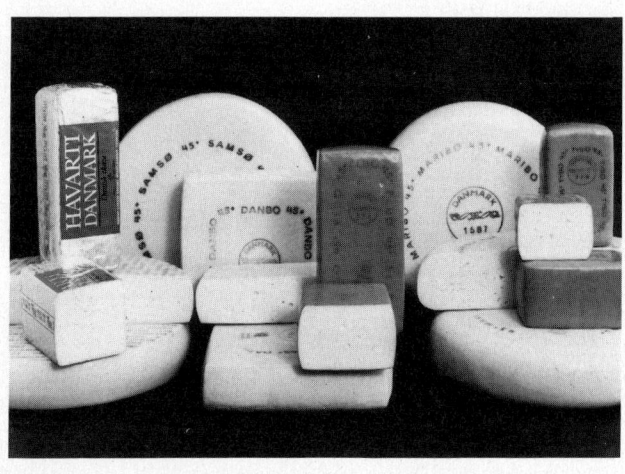

salzscharf, ausgeprägter Schimmelgeschmack.
Schnittkäse mit Innenschimmel, über
50% Fett i. Tr., runde, flache Laibe
bis 3 kg oder Quader bis 4 kg Gewicht.

**Danbo** (siehe Samso)

**Elbo** (siehe Samso)

**Esrom** (Dänemark)
Außen gelbliche, dünne Rinde mit
Rotschmiere; innen hellgelb, Teig
schnittfest, unregelmäßige, reiskorn-
große Bruchlöcher; Geruch und Geschmack Schmierkäse-Charakter, pikant, leicht sauer (Dänischer Butterkäse).
Halbfester Schnittkäse, 45% Fett
i. Tr., rechteckige, flache Käse um
1 kg oder auch Kleinformen darunter.

**Gjetost** (Norwegen)
Dem Mysost (siehe dort) ganz ähnlich,
jedoch aus Molke von Ziegenkäse
(»Ekte«, Echter) und Molke von
Kuhmilchkäse hergestellt. In dünnen
Scheiben ist dieser Käse mit Nußge-
schmack eine besondere Beigabe zu
Hering und anderen Fischgerichten.

**Havarti** (Dänemark)
Außen leicht feuchte, rötlich-gelbe
Schmiere auf dünner Rinde oder mit
Paraffin beschichtet, neuerdings auch
rindenlos in versiegelter Kunststoffolie; innen hellgelb, Teig halbfest mit
regelmäßig verteilten, reiskorngroßen,
geschlitzten Bruchlöchern; Geruch
und Geschmack Schmierkäse-Charakter, mild, leicht säuerlich.
Schnittkäse, 30%, 45% und 60% Fett
i. Tr., runde Käse bis 5 kg schwer oder

längliche Brotform, dem deutschen
Tilsiter sehr ähnlich.

**Jarlsberg** (Norwegen)
Außen gelbliche, feste und trockene
Rinde; innen hellgelb, Teig schnittfest
mit großen rund-ovalen Löchern; Geruch und Geschmack süßlich-mild,
nußkernartig.
Schnittkäse, 45% Fett i. Tr., gewölbte,
runde Laibe von etwa 10 kg Gewicht,
gewaschen und gewachst, neuerdings
auch ohne Rinde und in Folie gereift,
als rechteckige Blöcke.

**Mycella** (Dänemark)
Außen spröde, rauhe, bräunliche Rinde; innen gelblich mit grünlichen
Schimmeladern und Stichlöchern von
der Seite, Teig schnittfest bis weich,
wenige Löcher und Risse; Geruch und
Geschmack delikat und mild, leicht
salzig, betonter Schimmelgeschmack.
Halbfester Schnittkäse mit Innenschimmel, 50% Fett i. Tr., runde Laibe bis 9 kg Gewicht.
Abwandlungen, wie der Blu Castello
mit zusätzlich weißem Außenschimmel und 70% Fett i. Tr.

**Mysost** (Norwegen)
Er ist streng genommen eigentlich
kein Käse, sondern es handelt sich um
die Aufbereitung des Rückstandes
Molke von der Labkäseherstellung.
Außen ohne Rinde, hellbraune Oberfläche; innen bräunlich, Teig schnittfest, ohne Lochung; Geruch und Geschmack süßlich.
Molkenkäse, mindestens 33% Fett
i. Tr., heute meist nicht mehr Molke
allein als Rohstoff, sondern mit Milch
und Rahm aufgewertet, in bis zu 4 kg
schweren, rechteckigen Blöcken, in

Alu- oder Kunststoffolien verpackt im Handel.

**Samso** (Dänemark)
Außen gelblich-bräunliche, trockene Rinde, meist paraffiniert; innen gelblich, fester Teig, wenige kirschgroße, runde Löcher; Geruch und Geschmack mild, süßlich bis streng, nußkernartig, auch leicht säuerlich.
Gepreßter Schnittkäse, 30% bis 45% Fett i. Tr., runde Laibe bis 45 cm Durchmesser und bis 14 kg schwer.
Alle dänischen Käse mit einem »o« am Ende (gesprochen »ö«) sind sich ähnlich; der Name bezeichnet jeweils die Herkunft des Käses, z. B. Samso von der dänischen Insel Samso.

**In Skandinavien werden die Käse mit einem Hobelmesser in feinen Spänen abgetragen.**

**Danbo** (Dänemark)
Wie Samso, mit oder ohne Schmiere, quadratisch, manchmal mit Kümmel.

**Elbo** (Insel Elbo)
Wie Samso, noch fester, Brotform, ganz wenige Löcher.

**Tybo** (Thy in Nord-Jütland)
Wie Samso, leicht säuerlich und mild, rote Rinde, Brotform, kleine Käse unter 1 kg und große Form bis 3 kg Gewicht.

# Eigenheiten der Käseländer

In Ländern, in denen Käse zur üblichen Nahrung gehört, wird man nationale Eigenheiten und besonders bevorzugte Käsesorten finden. Aber wie viele ausgezeichnete Landweine nur im Lande getrunken werden, so werden auch viele interessante bodenständige Käse nicht exportiert, sondern im Lande selbst verzehrt. Es geht ihnen wie so vielen württembergischen Weinen, man kann sie nirgends kaufen, die Württemberger trinken sie selber.

Die Sowjetunion ist einer der größten Käsehersteller, exportiert aber kaum ins Ausland.

In Deutschland trifft man überall auf den beliebten Quark, einfach oder mit allen möglichen Zutaten; man findet Sauermilchkäse in vielen Variationen; auch die Weichkäse mit Schmierebildung vom Limburger Typ sind sehr beliebt.

Die Skandinavier essen in ihrer Heimat ausdrucksstarke Raritäten, wie z. B. den norwegischen Gammelost: kleine Käschen, deren überlange, graue Schimmelfäden beim Pflegen der Käse während der Reifung in die Oberfläche eingearbeitet werden.

In Holland findet man noch echten Bauern-Gouda in allen möglichen Reifestufen und in der Region Friesland den Nagelkaas mit Kümmel und Nelken, eine wahrhaft besondere Gaumenfreude.

Eine Reise in die Schweiz gibt Gelegenheit, nicht nur einen der vielen Käse aus der Raclette-Familie kennenzulernen, sondern auch die urige Art der Käse-Aufbereitung in schweizer Familien und zünftigen Gasthäusern. Es bringt schon eine besondere Art der Geselligkeit, am offenen Feuer Käse zu schmelzen und einen feurigen Rotwein dazu zu trinken. Eine Besonderheit ist auch der schweizer Schabziger zum Butterbrot, deftig und würzig zugleich.

Die Käsehersteller Italiens sind stolz auf ihre Filata-Spezialitäten, wie Caciocavallo und Provolone. Interessant sind auch rare Besonderheiten, wie die »Burrinos«, kleine, blasse, biegsame Käschen, die im Innern einen Batzen Butter enthalten, oder der Marscapone, ein gehaltvoller, cremiger Käse, der mit gezuckerten Früchten gewürzt ist. Mit viel Glück findet man auf dem Lande auch mal einen Caprino, ein Hartkäse aus Ziegenmilch, oder einen Pecorino aus Schafsmilch, Käse aus Büffelmilch nach Art des Gorgonzola oder eine Büffel-Mozarella. Italienische Freunde werden als besondere Aufmerksamkeit vielleicht einen Stravecchio, einen besonders alten Parmesan, auftreiben können.

In griechischen oder kretischen Bergdörfern wird man noch echten Schafsmilch-Feta finden.

Auch in Spanien ist die Suche nach pikanten Schafsmilchkäsen lohnend; man kann sie bei uns nirgends kaufen.

Der Reisende in den Balkanländern findet neben den europäischen Standardsorten sehr gute Weiß- und Lakekäse aus Schafsmilch, aber auch Brühkäse (Kaschkawal) und Molkenkäse.

In der Türkei ist die Vielfalt der Käse

**Als Gast in einer türkischen Familie wird man mit frischen Ziegen- und Schafskäsen bekannt gemacht.**

zwar nicht groß, aber man findet neben »europäischen« Käsen aus Kuhmilch eine Reihe von Spezialitäten aus Schafs-, Ziegen- und Büffelmilch.

In England lassen sich noch Farmhouse-Cheeses auftreiben, die wirklich besondere Gaumenfreuden bieten. So finden sich noch handgemachte Cheddar aus Milch von Shorthornkühen und auf der Zunge zergehende alte Stiltons. Auch in Schottland und Irland gibt es noch vereinzelt echte Bauernkäse.

Sogar in USA entdeckt man außer den Käsen, die nach mitgebrachten Rezepten der Einwanderer hergestellt werden, wie z. B. Emmentaler aus Wisconsin, einige köstliche Spezialitäten, wie Salbeikäse und feinste Cheddarsorten und sogar so etwas wie »Backsteinkäse«, ein milder Käse mit kleinen Löchern, den »Liederkranz«, streichbarer Käse nach Limburger Art, oder den »Montery Jack«, ein würzig-milder, weißer Kalifornier.

In Südamerika sind Frischkäse besonders beliebt; manche sind sogar mit Chillies gewürzt.

Die größte Vielfalt findet sich in Frankreich, besonders für die reisenden Feinschmecker, die auf der Suche nach Ziegenkäse-Spezialitäten sind. Auch die überaus zarten örtlichen Rahmfrischkäse bieten immer wieder neue Nuancen. Kaum exportiert werden die französischen Hartkäse vom Emmentaler-Typ: Französischer Gruyère, Comté und Beaufort. Man trifft sie fast nur in Frankreich an.

Es wird also überall, wo man Milchwirtschaft betreibt und genug Phantasie für die Bereitung von Käsen entwickelt, wohl lohnen, nicht nur nach Burgen und Schlössern, Kirchen und Abteien, Bergen und Wäldern Ausschau zu halten, sondern auch die Käse (und Weine) des Landes zu studieren.

# Lieferanten für Käsereizubehör

Für die Einrichtung einer Hauskäserei wird man sich in gut sortierten Haushaltswarengeschäften umsehen müssen, weil es die einschlägigen Geschäfte nicht mehr gibt. Vieles läßt sich aber auch einfach improvisieren. Englandbesucher finden alles, was sie brauchen, z. B. bei Self-sufficiency and Smallholding Supplies Ltd., The Old Palace, Priory Road, Wells, Somerset BA51SY, England, oder in London bei Divertimenti, 68–70 Marylebone Lane, London W 1.

Käseformen kann man selbst aus Holz (rechteckige Formen) oder aus Blech, Kunststoff oder Ton (runde Formen) herstellen. Eine Presse läßt sich auch improvisieren, indem man den erforderlichen Druck durch Auflegen von Gewichten oder Steinen auf den Holzdeckel erreicht. Gefäße ohne Boden, aufgestellt auf Kunststoffmatten, sind ideale Käseformen, die sich auch gut wenden lassen. Formen aus Blech durchlöchert man immer von innen nach außen.

Die folgende Übersicht nennt Firmen, die Lab, Kulturen und Gerätschaften vertreiben.

Chr. Hansen's Laboratorium GmbH
Postfach 1805
2400 Lübeck
Säuerungskulturen (Säurewecker), z. B. für Quark, Sauermilch, Käse und Butter; Lieferung von Lab.

J. Hauser's Nachfolger KG
8901 Ottmarshausen/Augsburg
Flüssiges Lab und Lab in Pulverform.

Novo Industrie GmbH
Kantstr. 2
6500 Mainz
Mikrobielles Lab in Pulverform und Käsefarbe.

Laboratorium »Wiesby«
Gotteskoogstr. 40
2260 Niebüll
Reinkulturen für Butter, Käse, Quark, Joghurt, Sauermilch, Kefir, Schimmelkulturen usw.

Fa. Richard Wilken
Postfach 1143
2217 Kellinghusen
Reinkulturen für die Milchwirtschaft.

Laboratorium Dr. Drewes KG
Bergstr. 3, (Postfach 68)
3370 Seesen
Reinkulturen für die Milchwirtschaft.

Rudolf Then
Färbereimaschinenfabrik GmbH
Postfach 3020
7170 Schwäbisch Hall 1
Kleingeräte wie Eimer, Standgefäße, Meßgefäße, Litermaße, Schöpfkellen, Hohlschaufeln, Löffel, Siebe aus nichtrostendem und beständigem Edelstahl.

Dinkelberg-Labortechnik GmbH
Postfach 1326
7910 Neu-Ulm
Milchuntersuchungsgeräte und Chemikalien.

Fa. Funke-Gerber GmbH
Postfach 303460
1000 Berlin 30
und

Postfach 800626
8000 München 80
Milchuntersuchungsgeräte.

Staatliche Milchwirtschaftliche
Lehr- und Forschungsanstalt
7988 Wangen im Allgäu
Kulturen und Schimmel.

## Bildquellen

Grafik: Ron Hayward Art Group, Vanessa Luff, John Shackell, Grafisches Atelier Otto Maier Verlag.
Foto:
Heather Angel 4 – Bavaria Verlag 44, 45 rechts oben und unten – Dänisches Zentrum 39, 115 – Robert Estall 8, 24, 35 unten, 47, 49, 95 oben, 109, 112 – Paul Forrester 52, 53, 65, 68, 69, 73, 77 – Französisches Fremdenverkehrsbüro 18, 99 – Sonia Halliday 119 – Robert Harding 17, 62 – Werkfotos Hochland Reich, Innauer & Co., Heimenkirchen 43 – Landesvereinigung der Bayerischen Milchwirtschaft e.V., München 17, 57, 81, 85, 89, 92, 93 – Dennis Moore 27, 96 – Norwegischer Molkereiverband 117 – Siegwart Münch 28, 36, 37 – Novost 84 – Radio Times Hulton Picture Library 23 – Schweizer Fremdenverkehrsbüro 45 (3), 87 – SEF 21 – Süddeutscher Verlag 86 – John Topham Library 35, 60, 95 unten, 98, 101 – Werkfotos Vereinigte Käsereien Dürren 33 – Werkfotos Fa. Waldner, Wangen 41

Die Materialien für das Foto auf Seite 49 stellte freundlicherweise Self-sufficiency and Smallholding Supplies Ltd., Wells, Somerset, zur Verfügung.

# Literaturliste

Es gibt verhältnismäßig wenige Bücher über Käse und noch weniger über Käseherstellung.
Wenn Sie Rezepte für Käseherstellung benutzen, denken Sie bitte daran, daß jedes Rezept nur unter ganz bestimmten Bedingungen Erfolg hatte und daß oft gerade diese Bedingungen im Rezept nicht genannt wurden. Das ist der Grund, warum die Rezepte so unterschiedlich ausfallen.
Die besten Bücher für originelle Käseherstellung finden Sie ohne Zweifel in Antiquariaten.
Die meisten der unten genannten Bücher sind entweder reine Fachbücher oder vergriffen, außer man besorgt sie sich durch eine öffentliche Bibliothek.

»Handbuch der Käse«
von Dr. H. Mair-Waldburg
Volkswirtschaftlicher Verlag, Kempten im Allgäu

»Internationale Käsekunde«
von Gerhard Kielwein und Hans Kurt Luh
Seewald Verlag, Stuttgart

»Käse Lexikon« (Ringbuch)
von Werner Köster
Heinrichs Verlag, Hildesheim

»Lehrbuch der Emmentalerkäserei«
von A. Peter, bearbeitet von E. Zollikofer
Verlag Wyß Erben, Bern

»Der Schnittkäse«
von O. K. Haltenberger und J. Kammerlehner
Verlag Th. Mann, Hildesheim

und Volkswirtschaftlicher Verlag, Kempten im Allgäu

»Praktische Anleitung zur Weichkäserei«
von Peter, Zollikofer, Hofer
Verlag Wyß Erben, Bern

»Die Frischkäserei«
von Hans Hartwig
Verlag Th. Mann, Hildesheim

»Joha Schmelzkäse Buch«
von Albert Meyer
Volkswirtschaftlicher Verlag, Kempten im Allgäu

»Technologie der Milchverarbeitung«
von E. Spreer
VEB Fachbuchverlag, Leipzig

»Käse Tabellen«
von M. E. Schulz und H. Kay
Verlag Th. Mann, Hildesheim

»Allgemeine Grundlagen der Käsereitechnik«

von W. Stocker
Volkswirtschaftlicher Verlag, Kempten im Allgäu

»Käse-Verordnung« vom 19. 2. 1976
Textausgabe mit Kommentar
von H. Gaul und M. Schauf
Heinrichs Verlag, Hildesheim

»Das Milchschaf«
Von Milch, Fleisch, Wolle und mancherlei halbvergessenen Kunstfertigkeiten (mit Anleitung zum Käsemachen)
von Ida Schwintzer
Verlag Eugen Ulmer, Stuttgart

»Das Käsebuch«
Die beliebtesten Sorten und Rezepte
von Ursula Grüninger
BLV Verlagsgesellschaft, München

»Mein Käsekochbuch«
von Sybille Schall
Mary Hahn's Kochbuch-Verlag, München

»Rund um die Milch«
von Gisela Allkemper
Verlagsteam Wolfgang Hölker, Münster

»Käse, Käse«
ein ungewöhnliches Rezeptbuch von Eike Linnich, Zeichnungen von Janosch
Mosaik Verlag, München